U0631076

# 多维视角下高等职业教育的创新发展研究

张建蓉　著

中国水利水电出版社

www.waterpub.com.cn

·北京·

## 内容提要

　　高等职业教育不仅是我国国民教育体系的重要组成部分,同时也是人力资源开发的重要组成部分。本书概述了高等职业教育的发展历史、背景和特点,介绍了高等职业教育的教学管理、学生管理、实训基地建设、校企合作机制及育人体系,探讨了新时代高职本科的发展趋势、高等职业教育的国际化发展趋势及可持续发展,将理论性与实践性相结合、现实性与前瞻性相结合,无论对我国的高等职业院校还是老师,都具有一定的参考和借鉴价值。

　　本书例证翔实、有理有据,对高等职业院校的教育工作者而言是一本不可多得的参考书。

## 图书在版编目（ＣＩＰ）数据

　　多维视角下高等职业教育的创新发展研究 / 张建蓉
著. -- 北京 : 中国水利水电出版社, 2021.9
　　ISBN 978-7-5170-9891-1

　　Ⅰ. ①多… Ⅱ. ①张… Ⅲ. ①高等职业教育－发展－
研究－中国 Ⅳ. ①G718.5

中国版本图书馆CIP数据核字(2021)第172883号

责任编辑:陈艳蕊(704913575@qq.com)

| 书　　名 | 多维视角下高等职业教育的创新发展研究<br>DUOWEI SHIJIAO XIA GAODENG ZHIYE JIAOYU DE CHUANGXIN FAZHAN YANJIU |
| --- | --- |
| 作　　者 | 张建蓉　著 |
| 出版发行 | 中国水利水电出版社<br>(北京市海淀区玉渊潭南路 1 号 D 座 100038)<br>网址:www. waterpub. com. cn<br>E-mail:mchannel@263. net(万水)<br>　　　　sales@waterpub. com. cn<br>电话:(010)68367658(营销中心)、82562819(万水) |
| 经　　售 | 全国各地新华书店和相关出版物销售网点 |
| 排　　版 | 北京万水电子信息有限公司 |
| 印　　刷 | 三河市兴国印务有限公司 |
| 规　　格 | 170mm×240mm　16 开本　12.25 印张　216 千字 |
| 版　　次 | 2021 年 9 月第 1 版　2021 年 9 月第 1 次印刷 |
| 定　　价 | 64.00 元 |

凡购买我社图书,如有缺页、倒页、脱页的,本社营销中心负责调换
版权所有·侵权必究

# 前　　言

　　高等职业教育不仅是我国国民教育体系的重要组成部分,同时也是人力资源开发的重要组成部分,肩负着培养数以万计的高素质劳动者和技术技能人才的重任。高等职业教育是为生产、建设、管理、服务一线培养高素质技术技能型人才的特殊的教育活动,是职业教育的高级阶段。在全面建成小康社会的伟大实践中,它的主要任务是为各行各业、各条战线、各个领域提供基础性、专业性、职业化专门人才。

　　当前,我国正处于经济转型升级和供给侧改革的关键时期,也是工业化、城镇化、信息化和农业现代化快速推进的关键时期,需要加大高等职业教育的推行力度,需要加快高等职业教育改革创新和全面提升服务国家战略的能力。经济危机的烟云笼罩着全球经济,西方发达国家都提升了对本国实体经济的关注度,对高等职业教育在实体经济中重要作用的认识也都在进一步深化。我国从中央政府到地方政府对高等职业教育的重视程度也处于前所未有的时期,加大了人力、物力、财力等方面的投资力度,召开全国高等职业教育工作会,相关重要文件陆续出台,为职业教育全面、系统性发展创造了历史性的发展机遇。

　　目前,我国已经建立了世界上规模最大的高等职业教育体系,初步构建了职业教育的法制和政策框架体系,对高等职业教育办学模式的多样化进行了探索,闯出了一条具有中国特色的高等职业教育发展道路。高等职业教育经过了近40年的发展,从高等职业教育发展的内在规律和实际需求出发,全国各区域结合自身的办学实践和经验,在高等职业教育的创新发展上取得了一定的成果。在政府的积极推动和大力支持下,各种办学体制机制形式从无到有、从单一到多样,在促进校企合作、产教融合等方面发挥了巨大的作用,受到了社会各界的普遍关注和广泛认同。

　　《多维视角下高等职业教育的创新发展研究》一书内容分为九个部分,即绪论和八章内容,其中绪论部分从高等职业教育的发展历史、背景和特点等方面对高等职业教育进行了概述;第一章到第五章则分别从教学管理、学生管理、实训基地建设、校企合作机制以及育人体系等方面对高等职业教育的发展进行了详细分析和研究；第六章到第八章主要从高职本科、国际化发展以及可持续发展等方面对高等职业教育的创新发展进行深入研究。本书将理论性与实践性、现实性与前瞻性相结合，具有一定的参考和借鉴价值。

　　相对于普通高等教育而言，我国高等职业教育尚未成熟，如何对高等职业教育进行创新发展更是一个亟待深入探究的重要课题。因作者水平有限，本书定有诸多不当之处，恳请专家、同行和广大读者不吝指正。

作　者
2021 年 8 月

# 目　　录

# 绪 论

## 第一节 高等职业教育的发展历史

截至目前,我国高等职业教育发展包括四个发展阶段:初创起始阶段、广泛探索阶段、大力发展阶段和深化内涵阶段。

### 一、初创起始阶段(1980-1987年)

我国的改革开放使高等职业教育的产生和发展成为可能,改革开放突破制度藩篱的约束,改变了只有中央政府和省级政府可以举办高等院校的规定,开创了省属城市也可举办高校的先河。我国第一家由地方举办的高等职业院校——金陵职业大学于1980年8月在南京市成立,翻开了我国高等职业教育的新篇章,随后江汉大学、无锡职业大学等十余所短期职业大学相继产生。

1983年,在国家教委、国家计委、财政部和对外经济贸易部等四部委的联合推动下,我国开始利用世界银行贷款促进我国职业大学发展,高等职业教育迅速向其他省域扩展,广东、河南、湖北、福建等省紧随其后也纷纷创办高等职业院校,河南省很快就有了6所地方高等职业院校。1985年,《中共中央关于教育体制改革的决定》明确指出:"要积极发展高等职业技术院校,逐步建立起一个从初级到高级、行业配套、机构合理又能与普通教育相互沟通的职业技术教育体系。"该文件对改变专科、本科结构比例不合理的状况起到了重要的指导作用。高等职业院校扩展到22个省、自治区、直辖市,共建立包括高等职业技术师范院校、短期职业大学和高等技术专科学校在内的127所高等职业院校。

此阶段高等职业教育的发展刚刚起步,为我国职业教育和高等教育的改革进行了有益的尝试,虽然办学规模还比较小、教学设施还不完备、教学资源还不到位,办学方式基本采用"短期、收费、走读、自主就业"等方式,但是高等职业教育不但没有止步不前,反而实现了自我发展,逐步开展了有益探索。

## 二、广泛探索阶段(1988-1994 年)

1988 年我国不仅出台政策和法规加以引导,而且还通过公共媒体予以宣传和鼓励,通过项目研究对高等职业院校的人才培养质量予以评估。在此期间,高等职业院校增加到 132 所,短期职业大学也发展成为我国高等职业教育的主力军。在 132 所高等职业院校中,有 119 所是职业大学,所占比率高达 90%。同时也逐步把高等职业教育纳入对我国教育体制进行改革的总体框架,在改革开放中规范它的健康发展。

国家教委于 1990 年 11 月发布了《关于加强普通高等专科教育工作的意见》,指出:"现有大多数短期职业大学在服务对象、培养目标、培养模式、毕业生去向等方面与普通高等专科学校区别甚微。一部分应办成以培养高级技艺型人才为目标的高等职业教育;一部分根据需要,经过上级主管部门审定并报国家教委批准,可以明确为普通高等专科学校。"

1991 年国务院发布《关于大力发展职业技术教育的决定》,1993 年中共中央、国务院颁布《中国教育改革和发展纲要》,明确提出 20 世纪末,我国职业教育的发展目标,以及职业技术教育是现代教育的重要组成部分,各地要积极发展多样化高中后教育,对未升入高等学校的高中生要进行职业技术培训等内容。

1994 年国务院召开全国教育大会,明确提出"通过现有职业大学、部分高等专科学校和独立设置的成人高校进行办学模式改革,调整培养目标来发展高等职业教育;在仍不能满足时,经批准利用少数具备条件的重点中等专业学校改制或者举办高等职业班的方式作为补充",即后来被统称为"三改一补"的发展高等职业教育基本方针,拓展了高等职业教育的办学发展道路,为下一步高等职业教育的大发展奠定了政策基础。

## 三、大力发展阶段(1995-2005 年)

1995 年国家密集出台有利于高等职业教育发展的政策和文件,极大地促进了职业教育快速发展。首先是国务院颁布的《中国教育改革发展纲要》重申"各地要积极发展多样化高中后教育,对未升入高等学校的高中生要进行职业技术培训。"三改一补,高等职业教育的发展基本方针,积极发展高等职业教育。国家教委随后发布《关于开展建设示范性职业大学工作的通知》指出,开展示范性职业大学的建设工作是在专业改革的基础上,建设一批示范性学校,逐步带动职业大学总体水平的提高,促进职业大学的发展。1996 年国家教委提交的《关于发展高等职业教育的汇报提纲》中指出,"现在各方面对发展高等职业的一些主要问题已取得基本一致的认识。高等职业教育是在高中阶段教育基础上实施的职业教育,是职业教育的高层次,是高等教育的重要组成部分,我国需要发展高等职业教育。"

1996 年我国颁布《中华人民共和国职业教育法》,第一次从法律上明确了高等职业教育的地位。将职业教育划分为初等、中等、高等职业学校教育,高等职业教育由高等职业院校或者普通高等学校来实施。1998 年我国颁布《中华人民共和国高等教育法》,非常明确地提出高等职业教育是高等教育的组成部分,确认高等职业教育的高等教育属性。

1999 年年底,全国第一次高职高专教育教学工作会议召开,教育部长亲自推动高等职业教育进一步发展,强调高等职业教育对我国经济和社会发展所作出的巨大贡献,发展高等职业教育非常必要而且紧迫。

高等职业院校由 1999 年的 474 所发展到 2005 年的近千所,发展的速度惊人,一方面乐观地看高等职业院校的数量和招生数量均已接近普通高等学校的数量和招生数量;另一方面也应该看到迅速的规模扩张带来的教学条件、师资力量、办学水平等一系列发展问题,这也为下一阶段深化高等职业教育质量提升和内涵发展提出新的要求。

## 四、深化内涵阶段(2006 年至今)

2006 年 11 月,教育部、财政部发布的《关于实施国家示范性高等职业院校建设计划加快高等职业教育改革与发展的意见》(教高〔2006〕24 号)指出,必须清醒地认识到,目前我国高等职业院校办学条件相对较差,"双师型"专业教师数量不足,质量保障体系不够完善,办学机制改革有待突破,等等,严重制约了高等职业教育的健康发展。提高高等职业教育质量,增强高等职业院校服务经济社会发展的能力,实施国家示范性高等职业院校建设计划,加快高等职业教育改革与发展。按照地方为主、中央引导、突出重点、协调发展的原则,选择办学定位准确、产学结合紧密、改革成绩突出、制度环境良好、辐射能力较强的高等职业院校,进行重点支持,带动全国高等职业院校办出特色,提高水平。从全国 1200 余所高等职业院校中确定 100 所国家示范性高等职业建设院校,开展高等职业教育质量提升工程。

2006 年 12 月,教育部发布《关于全面提高高等职业教育教学质量的若干意见》(教高〔2006〕16 号),同样针对高等职业教育的教育质量。要求高等职业教育必须深刻认识高等职业教育全面提高教学质量的重要性和紧迫性;必须加强素质教育,强化职业道德,明确培养目标;服务区域经济和社会发展,以就业为导向,加快专业改革与建设;加大课程建设与改革的力度,增强学生的职业能力;大力推行工学结合,突出实践能力培养,改革人才培养模式;深化校企合作,加强实训、实习基地建设;注重教师队伍的"双师"结构,改革人事分配和管理制度,加强专兼结合的专业教学团队建设;加强教学评估,完善教学质量保障体系;切实加强领导,规范管理,保证高等职业教育持续健康发展。

2010年5月,教育部出台《关于开展高等职业教育专业教学资源库2010年度项目申报工作的通知》(教高司函〔2010〕29号),主要是为落实教育部、财政部《关于实施国家示范性高等职业院校建设计划加快高等职业教育改革与发展的意见》(教高〔2006〕14号)要求,深化高等职业教育教学改革,加强专业与课程建设,推动优质教学资源共建共享,提高人才培养质量,决定启动高等职业教育专业教学资源库建设项目。专业教学资源库建设项目是由国家示范高等职业建设院校牵头组建开发团队,吸引行业企业参与,整合社会资源,在集成该专业全国优质课程建设成果的基础上,采用整体顶层设计、先进技术支撑、开放式管理、网络运行的方式进行建设,是促进专业教学改革、提高教学质量的重要抓手,是扩大国家示范高等职业院校建设成果辐射效应和服务全国高等职业战线的有效途径。

2010年8月,教育部、财政部发布的《关于进一步推进"国家示范性高等职业院校建设计划"实施工作的通知》(教高〔2010〕8号)指出,为更好地适应我国走新型工业化道路,实现经济发展方式转变、产业结构优化升级、建设人力资源强国发展战略的需要,进一步扩大国家重点建设院校数量,加快高等职业教育改革与发展,全面提高人才培养质量和办学水平,更好地发挥高等职业院校在培养高素质高级技能型专门人才,促进就业、改善民生,构建终身教育体系和建设学习型社会等方面的重要作用。新增100所左右骨干高等职业建设院校,推进地方政府完善政策、加大投入,创新办学体制机制,推进合作办学、合作育人、合作就业、合作发展,增强办学活力;以提高质量为核心,深化教育教学改革,优化专业结构,加强师资队伍建设,完善质量保障体系,提高人才培养质量和办学水平;深化内部管理运行机制改革,增强高等职业院校服务区域经济社会发展的能力,实现行业企业与高等职业院校相互促进,区域经济社会与高等职业教育和谐发展。

2011年9月,教育部、财政部发布《关于支持高等职业学校提升专业服务产业发展能力的通知》(教职成〔2011〕11号),文件指出,以提升专业服务产业发展能力为出发点,整体提高高等职业院校办学水平和人才培养质量,提高高等职业教育服务国家经济发展方式转变和现代产业体系建设的能力,重点支持高等职业学校专业建设,根据"中央政策引导、省级统筹管理、学校具体实施"的项目建设原则,围绕现代农业、制造业发展重点方向、战略性新兴产业、生产和生活性服务业等重点领域和地方经济社会发展需要,支持一批紧贴产业发展需求、校企深度融合、社会认可度高、就业好的专业进行重点建设,推动高等职业学校创新体制机制,加快人才培养模式改革,整体提升专业发展水平和服务能力,为国家现代产业体系建设输送大批高端技能型专门人才。中央财政投入20亿元,直接促进全国高等职业教育整体质量的提升。

2012年7月开始每年年中发布《中国高等职业教育人才培养质量年度报告》,并形成了质量年报定期发布制度。质量年报将中国高等职业教育整体办学质量情况予以报告,而且是从第三方客观、公正的角度,向教育行政管理部门、职业院校的举办方、用人单位、学生及家长等利益相关方发布,意义非凡。这是中国高等职业教育在高速发展、取得一定成就的基础上,梳理过去、厘清现状、展望未来的一种努力与尝试,传达了高等职业战线坦诚面对公众、认真承载社会责任、勇于面对未来挑战的坚定信心。2012年的质量报告包括概览与历程、学生与发展、学校与改革、政策与项目、成效与贡献、挑战与展望等六个部分。报告从培养目标的恰当定位、学校的努力创新和政府的重点支持等角度,分析了高等职业教育在逆境中探索生存空间、服务空间和发展空间等方面。从2012年开始,国家示范校和国家骨干校200所高等职业院校发布本校质量年度报告,2013年开始辐射到省级示范高等职业院校发布本校质量年度报告,2014年辐射到公办高等职业院校发布本校质量年度报告,2015年包含所有民办高等职业院校在内都要发布本校质量年度报告,基本形成院校质量年度报告的全覆盖和省区的全覆盖。质量年度报告肯定成绩的同时,不回避问题。质量年度报告针对高等职业教育质量提升面临的主要问题展开分析:《2012年质量年度报告》指出了制约学校发展的师资队伍、管理能力、办学理念三大瓶颈;《2013年质量年度报告》主要聚焦政府经费投入和学校办学自主权的不足;《2014年质量年度报告》直陈高考生源危机、"升本"诱惑和应用本科压力等问题;《2015年质量年度报告》进一步指出高等职业教育面临依法行政、依法办学方面的挑战。这些挑战由内至外,提示高等职业院校及时发现并着力解决相关问题。

2014年5月,国务院出台《关于加快发展现代职业教育的决定》(国发〔2014〕19号),主要为了解决职业教育结构不尽合理、质量有待提高、办学条件薄弱、体制机制不畅等问题。要求职业教育,必须坚持以立德树人为根本,以服务发展为宗旨,以促进就业为导向,适应技术进步和生产方式变革以及社会公共服务的需要,深化体制机制改革,统筹发挥好政府和市场的作用,加快现代职业教育体系建设,深化产教融合、校企合作,培养数以亿计的高素质劳动者和技术技能人才。

2014年6月,教育部出台的《现代职业教育体系建设规划(2014—2020年)》,为构建现代职教体系指明了方向。建立现代职业教育体系,是促进现代职业教育服务转方式、调结构、促改革、保就业、惠民生和工业化、信息化、城镇化、农业现代化同步发展的制度性安排,对打造中国经济升级版,创造更大的人才红利,促进就业和改善民生,加强社会建设和文化建设,满足人民群众生产生活多样化的需求,实现中华民族伟大复兴的中国梦都具有重要意义。其总体目标是:牢固确立职业教育在国家人才培养体系中的重要位置,建立人才培养立交桥,形成合理的教育结构,推动现代教育体系基本建立、教育现代化基本实现。

2014年8月,教育部出台《关于开展现代学徒制试点工作的意见》(教职成〔2014〕9号),包括充分认识试点工作的重要意义、明确试点工作的总要求、把握试点工作内涵、稳步推进试点工作、完善工作保障机制五个部分。现代学徒制有利于促进行业、企业参与职业教育人才培养全过程,实现专业设置与产业需求对接,课程内容与职业标准对接,教学过程与生产过程对接,毕业证书与职业资格证书对接,职业教育与终身学习对接,提高人才培养质量和针对性。建立现代学徒制是职业教育主动服务当前经济社会发展,推动职业教育体系和劳动就业体系互动发展,打通和拓宽技术技能人才培养和成长通道,推进现代职业教育体系建设的战略选择,是深化产教融合、校企合作,推进工学结合、知行合一的有效途径,是全面实施素质教育,把提高职业技能和培养职业精神高度融合,培养学生社会责任感、创新精神、实践能力的重要举措。试点工作内涵:积极推进招生与招工一体化,"招生即招工、入校即入厂、校企联合培养",与合作企业共同研制招生与招工方案,扩大招生范围,改革考核方式、内容和录取办法;深化工学结合人才培养模式改革,根据技术技能人才成长规律和工作岗位的实际需要,共同研制人才培养方案、开发课程和教材、设计实施教学、组织考核评价、开展教学研究;加强专兼结合师资队伍建设,打破现有教师编制和用工制度的束缚,探索建立教师流动编制或者设立兼职教师岗位,加大学校与企业之间人员互聘共用、双向挂职锻炼、横向联合技术研发和专业建设的力度,由学校教师和企业师傅共同承担,形成双导师制。形成与现代学徒制相适应的教学管理与运行机制,实行弹性学制或者学分制,创新和完善教学管理与运行机制,探索全日制学历教育的多种实现形式。

2015年,初步形成现代职业教育体系框架。现代职业教育的理念得到广泛宣传,职业教育体系建设的重大政策更加完备,人才培养层次更加完善,专业结构更加符合市场需求,中、高等职业教育全面衔接,产教融合、校企合作的体制基本建立,现代职业院校制度基本形成,职业教育服务国家发展战略的能力进一步提升,职业教育吸引力进一步增强。2015 年 6 月,教育部出台《关于深入推进职业教育集团化办学的意见》(教职成〔2015〕4号),对职业教育集团化办学的重要意义、实现形式、服务能力和保障机制等四个方面给予了宏观指导和政策支持。开展集团化办学是深化产教融合、校企合作,激发职业教育办学活力,促进优质资源开放共享的重大举措;是提升治理能力,完善职业院校治理结构,健全政府职业教育科学决策机制的有效途径;是推进现代职业教育体系建设,系统培养技术技能人才,完善职业教育人才多样化成长渠道的重要载体;是服务经济发展方式转变,促进技术技能积累与创新,同步推进职业教育与经济社会发展的有力支撑。加快发展现代职业教育,要把深入推进集团化办学作为重要方向。职业教育集团化办学要坚持以服务发展为宗旨、促进就业为导向,以建设现代职业教育体系为引领,以提高技术技能人才培养质量为核心,以深化产教融合、校企合作,创新技术技能人才系统培养机制为重点,充分发挥政府推动和市场引导作用,本着加入自愿、退出自由、育人为本、依法办学的原则,鼓励国内外职业院校、行业、企业、科研院所和其他社会组织等各方面力量加入职业教育集团,探索多种形式的集团化办学模式,创新集团治理结构和运行机制,全面增强职业教育集团化办学的活力和服务能力。2015 年 10 月,教育部出台《高等职业教育创新发展行动计划(2015−2018 年)》,计划包括总体要求、主要任务与举措、保障措施三方面内容。计划坚持政府推动与引导社会力量参与相结合、坚持顶层设计与支持地方先行先试相结合、坚持扶优扶强与提升整体保障水平相结合和坚持教学改革与提升院校治理能力相结合。通过三年建设,高等职业教育整体实力显著增强,人才培养的结构更加合理、质量持续提高,服务"中国制造 2025"的能力和服务经济社会发展的水平显著提升,促使高等教育结构优化成效更加明显,推动现代职业教育体系日臻完善。

2019 年 1 月,国务院印发《国家职业教育改革实施方案》,鼓励高校培养具有"工匠精神"的应用型技能人才。方案指出,职业教育与普通教育是两种不同教育类型,具有同等重要地位。2019 年 6 月,教育部正式批准首批 15 所本科职业教育试点高校更名结果,它们由"职业学院"正式更名为"职业大学",同时升格为本科院校,见表 0-1-1 所示。

表 0-1-1 全国首批十五所职业本科试点学校名单

| 序号 | 建校基础 | 更名结果 | 所在省、市、自治区 | 所在城市 |
|---|---|---|---|---|
| 1 | 泉州理工职业学院 | 泉州职业技术大学 | 福建省 | 泉州 |
| 2 | 南昌职业学院 | 南昌职业大学 | 江西省 | 南昌 |
| 3 | 江西软件职业学院 | 江西软件职业技术大学 | 江西省 | 南昌 |
| 4 | 山东外国语职业学院 | 山东外国语职业技术大学 | 山东省 | 日照 |
| 5 | 山东凯文科技职业学院 | 山东工程职业技术大学 | 山东省 | 济南 |
| 6 | 山东外事翻译职业学院 | 山东外事职业大学 | 山东省 | 威海 |
| 7 | 周口科技职业学院 | 河南科技职业大学 | 河南省 | 周口 |
| 8 | 广东工商职业学院 | 广东工商职业技术大学 | 广东省 | 肇庆 |
| 9 | 广州科技职业技术学院 | 广州科技职业技术大学 | 广东省 | 广州 |
| 10 | 广西城市职业学院 | 广西城市职业大学 | 广西壮族自治区 | 南宁/崇左 |
| 11 | 海南科技职业学院 | 海南科技职业大学 | 海南省 | 海口 |
| 12 | 重庆机电职业技术学院 | 重庆机电职业技术大学 | 重庆市 | 重庆 |
| 13 | 成都艺术职业学院 | 成都艺术职业大学 | 四川省 | 成都 |
| 14 | 陕西电子科技职业学院 | 西安信息职业大学 | 陕西省 | 西安 |
| 15 | 西安汽车科技职业学院 | 西安汽车职业大学（拟） | 陕西省 | 西安 |

2020 年 6 月 22 日，教育部正式批准了第二批 6 所本科职业教育试点高校更名结果，它们由"职业学院"正式更名为"职业大学"，开展本科层次职业教育试点，见表 0-1-2。

表 0-1-2 全国第二批本科层次职业教育试点学校名单

| 序号 | 建校基础 | 更名结果 | 申报省、市、自治区 | 办学性质 |
|---|---|---|---|---|
| 1 | 辽宁理工职业学院 | 辽宁理工职业大学 | 辽宁省 | 民办 |
| 2 | 运城职业技术学院 | 运城职业技术大学 | 山西省 | 民办 |
| 3 | 浙江广厦建设职业技术学院 | 浙江广厦建设职业技术大学 | 浙江省 | 民办 |
| 4 | 南京工业职业技术学院 | 南京工业职业技术大学 | 江苏省 | 公办 |

| 序号 | 建校基础 | 更名结果 | 申报省、市、自治区 | 办学性质 |
|---|---|---|---|---|
| 5 | 新疆天山职业技术学院 | 新疆天山职业技术大学 | 新疆省 | 民办 |
| 6 | 上海中侨职业技术学院 | 上海中侨职业技术大学 | 上海市 | 民办 |

2020年,基本建成中国特色现代职业教育体系。现代职业教育理念深入人心,行业企业和职业院校(中等职业学校和高等职业学校的统称,下同)共同推进的技术技能积累创新机制基本形成,职业教育体系的层次、结构更加科学,院校布局和专业设置适应经济社会需求,现代职业教育的基本制度、运行机制、重大政策更加完善,社会力量广泛参与,建成一批高水平职业院校,各类职业人才培养水平大幅提升。以"政府推动、市场引导,加强统筹、分类指导,服务需求、就业导向,产教融合、特色办学,系统培养、多样成才"为原则加快发展现代职业教育,2020年形成了适应发展需求、产教深度融合、中职高职衔接、职业教育与普通教育相互沟通,体现终身教育理念,具有中国特色、世界水平的现代职业教育体系。2020年,专科层次职业教育在校生达到1480万人,接受本科层次职业教育的学生达到一定规模。

2021年,5所独立学院与高职专科高校合并转设为职业本科学校:景德镇艺术职业大学、山西工程科技职业大学、河北工业职业技术大学、河北科技工程职业技术大学、河北石油职业技术大学。

2021年4月12日至13日,全国职业教育大会在北京胜利召开。习近平总书记作出重要指示强调,"在全面建设社会主义现代化国家新征程中,职业教育前途广阔、大有可为。"习近平总书记对职业教育一直高度重视。他多次到职业学校考察调研,对职业教育作出一系列重要论述,亲自推动相关改革,解决了不少职业教育发展的关键问题。全国职业教育大会后,教育部于4月26日发布《关于学习宣传贯彻习近平总书记重要指示和全国职业教育大会精神的通知》,详见附录。

# 第二节　高等职业教育的发展背景

当今社会,高等教育领域实现了突飞猛进的发展,在此种大背景下,高等职业教育相较以往来说也取得了突破性进展,逐渐发展壮大起来。早在第二次世界大战之后,就有学者围绕高等教育发展问题展开了探索和研究,伴随着人们逐渐摆脱战争带来的阴影,世界经济发展再次重回正轨之后,人们更是对高等教育愈加重视,并在质量、数量等方面提出了具体的要求,很多西方国家及国际组织都将高等职业教育视作重要的发展目标。自此,人们围绕高等教育问题展开了一系列的探索和反思,并在此基础上涌现出了很多不同以往的新型理论观点,受到世界范围内相关人士的重视及关注。

## 一、高等教育发展的三阶段

在对很多发展中国家的高等教育现状展开考察和研究之后,马丁·特罗围绕高等教育发展问题提出了一个新型理论——三阶段发展理论,具体而言这三个阶段指的是"精英—大众—普及"。该理论一经提出,就在世界高等教育界引发了较大反响,业内人士更加注重对高等教育方面的探索和实践,并且也更加深入地理解了马丁·特罗所提出的这三个阶段的内涵。

## 二、发达国家对高等教育的高度重视

菲利普·库姆斯是《世界教育危机》这一著作的作者,在这本书中,作者提出了一个重要的观点,即认为高等教育发展正陷入此前从未遇到过的"危机",这些危机涉及师资质量问题、教育水平下降、经费不足等方面,这些无疑会极大地阻碍高等教育的正常、持续发展。该书甫一问世,就受到了较为广泛的关注,引发了人们对高等教育现状的重视,从而间接地对世界上高等教育的发展起到了一定的推动作用。另外,拉克·克尔也出版了很多以高等教育为主题的书籍,例如《高等教育不能回避历史:21世纪的影响》《美国高等教育的困难时期:20世纪90年代以后》等,在书中作者探索并论述了21世纪美国和全球的高等教育所存在的严重问题,还在书中给出了具体的对策及建议,这些都从理论层面指引着各国高等教育的发展。

## 三、我国高等职业教育的迅猛发展

自中华人民共和国成立以来,我国的高等教育初步发展,尤其自20世纪80年代我国实行改革开放之后,高等教育更是迎来了发展的春天。但不可否认的是,我国的高等教育发展呈现出一定的不平衡现象,这种不平衡在地区分布方面尤为突出。详细而言,我国一线城市及东部地区拥有较为丰富的教育资源和先进的教育技术,而我国西部及偏远地区相对来说则处于资源落后、技术不发达的状态。若是以前文提及的三阶段理论进行划分,可以知道,目前我国大城市和东部地区的高等教育已经基本处于"大众"阶段,而像北京、上海等城市,因为拥有高度发达的高等教育资源,所以它们正逐步接近"普及"化阶段。从各国发展的历史经验来看,高等教育在由"精英"阶段向"大众"及"普及"阶段发展的过程中,高等职业教育起到至关重要的作用,而且高等职业教育必将蓬勃发展。

### 四、构建现代职教体系促进高等职业教育发展

现代职教体系建设已经被国家提到议事日程，并于 2014 年正式出台相关文件，2020 年我国初步形成现代职教体系。高等职业教育作为现代职教体系中的重要组成部分，在办好现有专科层次高等职业（专科）学校的基础上，发展应用技术类型高校，培养本科层次职业人才；应用技术类型高等学校是高等教育体系的重要组成部分，与其他普通本科学校具有平等地位；高等职业教育规模占高等教育的一半以上，本科层次职业教育达到一定规模；建立以提升职业能力为导向的专业学位研究生培养模式；根据高等学校设置制度规定，将符合条件的技师学院纳入高等职业院校序列。

# 第三节　高等职业教育的特点分析

从类别的层面来说，职业教育和其他种类的教育处于并列地位。尽管职业教育有其特殊性，但从本质上来说它也具有普通教育所具有的一般特征。所以教育的一般特征也是职业教育的特征。同时，受到自身特殊性的影响，它又有着不同于其他类型教育的独特特征。下面对高等职业教育的特点展开详细阐述。

## 一、职业教育的总体特点

职业教育与诸多影响因素和外部环境之间彼此发生作用所呈现出来的特点被叫作总体特点，它实际上是对职业教育当前总体状况的一种反映，是高等职业教育具有的主要特点，它具体涵盖了下列方面。

（一）专业性

职业教育具有专业性特点，其含义在于职业教育是培养专门领域的专业人才的教育。也正是这一点将职业教育和其他普通类型的教育区分开来，其他基础教育有着突出的基础性特点，它们所培养的是符合所有行业基本需求的基础人才。与此同时，尽管普通的高等教育也存在着一定的专业性特征，但是其专业的含义并非和职业教育等同，它更注重对理论型、学术型人才的培养。所以说，在诸多教育类型中，唯有职业教育专门培养一线职业所需的人才，它注重对学术实践能力、理论应用能力及工作技能等方面的培养。

（二）区域性

区域性指的是职业教育开展的教育活动是为区域所服务的，同样地，职

业教育的开展离不开相关区域的帮助和支撑。

职业教育从本质上来说是为区域办教育,也就是说它服务于特定的区域。通过社会和教育这两者之间的互动发展可以知道,教育所具有的区域功能有了愈加突出的重要性。换言之,对于一个区域来说,其各个方面的发展都和区域教育的发展情况紧密相关,其中,职业技术教育所具有的区域经济功能内在地推动着职业教育的发展,并且职业技术教育也在促进经济发展方面发挥着重要作用,它源源不断地为区域提供着各方面人才。所以,职业教育要想实现持续健康的发展,就要从当前的区域经济社会现状出发,明确社会岗位需求,并据此对自身的专业设置、专业方向、教学活动等方面加以调整,争取令自身的课程体系、教学内容、教学方法等更加优化并渐趋完善,从而最终将更优质的服务提供给特定的区域。

职业教育的开展离不开区域(社区)的支撑,也就是说,为了将更优质的服务提供给对应区域,职业院校需要对区域所拥有的教育资源加以充分利用,在社区各企业、行业、单位的基础上不断完善职业教育。另外,在现代社会,职业教育不再采取纯粹的学校模式,它更加注重校企之间的合作,提倡让社会各方面广泛关注和参与到职业教育活动中来,例如企业、社会、行业等。在职业教育院校发展过程中,要对专业教学指导委员会的组建加以重视,邀请企业人士在其中担任重要角色,在学校实施教学改革、完善培养计划等的过程中,也要聘请工程技术人员、企业管理人员等参与其中,根据他们的经验提出宝贵意见;另外,学校还要聘任各种有实践操作经验且具备一定教学能力的技术人员作为学校的兼职教师,从而令学校的技术教育、技能教育加以强化。学校也要积极搭建和企业合作的桥梁,争取在企业内构建起学校的实习基地,让校企合作在学生培育方面发挥出应有的作用。如此一来,职业院校就能够和企业、社会之间形成较为紧密的联系,切实搭建起高效的技术教育培训体系。

（三）实用性

实用性指的是职业教育注重对学生技术能力、实践能力的培养,它所培养的是能够直接与企业一线工作对接的应用型人才。

长期以来,职业教育都十分注重培养和增强学生在"实用""应用"等方面的能力。职业教育通常会积极搭建自己的实训基地,注重增加学生的实训机会,令学生通过实践训练逐渐发展成为符合企业一线工作需求的应用型人才。举例来说,很多发达国家的高职学校在教学时间分配上将较大的比重分配在了实践教学方面,并将学生动手能力、技术应用能力的培养视作教学的中心环节,如德国的职业院校实施"双元制"的教学体系,学校在理论课程和实践课程的分配方面大致按照1:1的比例,部分职业院校甚至会将超过一半的时间分配给实践课程。

综合而言，职业教育应当注重实践和教学的融合，要制定恰当的实践教学方案并积极建设符合要求的实训基地，多提供给学生实践作业的机会，让学生在真实的企业环境中切实实现自身实践能力的提升。如此一来，学生在实践过程中就能够对如今企业所使用的最新设备、工艺、技术等有更为深刻的了解。

（四）开放性

开放性指的是专业教育在教学时间、教育对象等方面的安排都较为灵活，也就是开展弹性教育。

职业教育院校在课程编制、专业设置、教育管理等方面都十分注重灵活性。教育的目的在于实现人的自由发展，而非对人进行约束，将所有学生按照特定的模子刻画出来，也就是说，在实施教育的过程中，职业院校应当考虑到不同学生之间所存在的差异，例如考虑到学生在心理、生理、学习能力等方面的不同，并在此基础上力求营造出更加优良的教育条件，力争让校内的每一个个体都能够得到相应的教育和成长。另外，职业教育的对象并不限定于应届学生，还包括转换岗位和接受继续教育的群体，由此可以看出不同的职业教育对象之间可能存在着相当大的差异；与此同时，职业教育在学习时间的安排上也非僵化不变的，对于同样的课程它在各个时段都有相应的安排，学生可以视自身情况决定在何种时间上课。职业教育的灵活性和弹性特征，使得它很好地消解了不同学生个体之间的差异性。因此，提倡弹性化的学分制为职业教育赋予了新的力量，成为职业教育教学管理制度改革的趋势。

（五）生产性

生产性指的是职业院校的实践教学应当和生产、生活有着极高的契合度，能够让学生接受有效的实践训练，让学生真正进入真实的工作环境进行实习、接受锻炼，从而为后续踏入社会从事生产工作打下基础。

职业教育院校所培养的是符合未来岗位需求的专业人才，学生在校期间所习得的技术、技能都是为日后的行业工作所做的重要储备。由此，职业教育应当对生产工艺、生产技术等方面的最新发展动态予以关注，并且及时地据此对自身的专业设置、课程开发、培养目标等方面做出相应的调整。尤其是在当今的科技社会，技术更新迭代的速度不断加快，若是不对这方面的问题予以重视，学校所教授的技术、技能可能就会落后于时代。所以，在教学内容等方面，职业教育要及时将新技术、新知识、新工艺等纳入其中。职业院校应当不断在校内引进各种先进的技术设备，使得学生即使不到企业参观也能够了解当今设备技术的发展及应用情况。

应当特别指出的是,我国的职业院校往往会在校内建立实训基地的基础上开展实践教学。而校内实训基地和企业生产线定然存在着较大的差别,最主要的区别在于校内实训基地并不进行真正的生产工作,而仅仅是对生产线的各方面进行模拟。

### (六)时代性

时代性指的是对时代的发展变化情况予以关注,令职业教育彰显出突出的现代性,真正将现代教育趋势反映出来。

职业教育培养的是符合一线生产要求的人才,因而它定然需要把当今最新的生产工艺及技术引进到教学活动中,为人才培养提供重要支撑。而这种引进无疑能够有效增强职业教育的时代性。所以,在教育教学内容方面,职业教育更加注重对新工艺、新技术等的运用。

另外,职业教育还应当注重对现代教育理念的关注及落实,要令学校培养出来的学生真正成长为优秀的现代人,具体而言就是既要关注学生生产能力的培养,也要关注学生在学习能力、适应能力、可持续发展等诸多方面的提升。如此,即便学生在步入社会,走上工作岗位之后,也能够不断地通过自身能力的提高实现自身的发展。

## 二、高等教育类别差异视野下的高职教育特点分析

从联合国教科文组织于 1997 年修订的"国际教育标准分类"来看,"高等职业教育"是和"普通高等教育"相对而言的一个概念,其定位更加倾向于现实工作,并且具有职业特殊性,是不同于普通高等教育的特定教育类型。由此可知,不同类型的高等教育之间实际上存在着较大的区别,高等职业教育在内涵和特征方面都有其独特性,下面从教育构成要素出发对二者的区别展开深入探讨。

### (一)培养目标不同

高等教育包含着三种类型的教育:一是学术教育,其重在培养学术人才,这些人才应当掌握发现和探索客观世界规律的能力;二是工程教育,其重在培养工程型人才,这些人才应当具备将科学原理转化为规划、设计、决策等的能力;三是技术教育,重在培养技术型人才,这些人才应当具备把规划、设计、决策等抽象思想转化为实实在在的物质产品的能力,他们应当是适应企业一线工作的技术应用专门人才。一般来说,高等教育所实施的主要是前面两种教育,即学术教育和工程教育,而高等职业教育则将技术教育当作实施重点。

不同类型的教育之间的差异主要集中在培养目标方面,而培养目标也是导致其他方面存在差异的根源。普通高等教育注重对工程型及学术型人才展开培养,这些类型的人才应当具备深厚的理论基础和丰富的知识储备,并且要具有较强的创新能力、思考能力和探究能力。职业院校则更注重培养实用型人才,要求人才既掌握一定的知识理论,又要具备较强的实践能力,同时还要具有问题分析及解决能力、组织协调能力、技术管理能力等。换言之,职业院校着重培养能适应生产、建设、管理、服务第一线需要的高等技术应用型专门人才,即主要从事成熟理论与技术的应用和操作的高级技术和管理人员。此类人才能够有效地推动区域社会经济等方面的发展,即他们能够直接为区域社会带来一定的经济效益。

## (二)服务区域不同

普通高等教育院校所培养出来的人才有着较为宽泛的就业领域和服务区域,有着较强的适应能力,同时也具有极强的流动性。相对来说,职业院校所培养出来的人才往往服务于特定的区域,即人才培养具有极强的地域针对性。

### 1.更侧重区域办教育

高等职业教育是实现了学校和企业之间耦合的一种特殊教育,它能够对区域教育资源加以充分利用,在企业、行业等的支撑上更好地实施教育活动。高等职业教育院校也十分注重对社会上能力出色的技术人员的聘任,力求通过他们来增强师资队伍建设,丰富学校实践教育经验,并为学校在教育政策等方面的调整出谋划策。另外,高等职业教育院校还积极与企业取得合作,共同搭建实训体系,令教育活动直接与现实生产线接轨。

### 2.为特定区域服务

高等职业教育服务于特定的区域,培育人才的目的在于推动特定区域在社会、经济等方面的发展。

如今,教育的区域功能愈加突出,在推动地区经济发展方面,职业教育发挥着不可或缺的作用,因此,它又被称作经济发展的基石,是提升地区经济实力的一个有力武器。所以,对于地区来说,其社会发展情况在很大程度上决定着其职业教育的发展方向和发展状况,因为职业教育应当始终以现实情况为依据来调整自身的办学标准、教育活动等诸多方面,以求让学校所培养出来的人才更加符合社会人才市场的需求。

通常情况下,高职院校会将地区经济发展需要、行业需求等置于首位,并且清晰地界定出学校为何种区域服务。所以,对高职院校来说,为了培养出更多和社会、经济发展相适应的技术人才,学校就应当构建起和社会、企业的沟通渠道,并且积极建立彼此之间的合作关系,让校内教师有更多机会到企业生产一线进行参观和学习,并且可以通过聘任兼职教师的方式,让企业的优秀员工到校任职,增强校内师资力量。同时,高职院校还可以从企业处获得行业内的最新前沿信息,并且据此对教育教学的相关方面进行调整,以令教学活动更加与时代发展相契合。

### (三)功能不同

在长期的发展过程之中,高校逐渐形成了明确的三大功能:一是教学,二是科研,三是服务社会。但是如果高校所属类型不相同,那么其服务区域、培养目标等也会相应地存在着差异,其具体功能也会有不同的侧重点。通常普通高等教育能够将上述三大功能全面地发挥出来,并且更加侧重于前面两大功能。而高职教育则注重通过培养人才来推动区域社会发展,即便它们也开展科研活动,但是其研究也更加侧重于如何将技术、科学等转化成具体的生产建设动力。

应当明确的是,高等职业教育的关键功能是区域服务。这里所说的区域服务涵盖了多个方面,例如经济、文化、政治方面等,另外,区域服务还包括开展科普活动、提供咨询服务、举办问题活动、承办各类会议等,在此种情况下,高职院校的性质就接近于区域的文化教育活动中心。

### (四)设置专业不同

普通的高等院校以学科分类为依据来设置其所开设的具体专业,并且其专业设置有着突出的融合性、宏观性、宽泛性、稳定性等特征。但高职教育在专业设置方面则具有较强的针对性,具体而言就是针对职业岗位或者岗位群来设置具体的学科。所以,在专业设置方面,高等职业教育有着突出的灵活性、针对性、实用性、及时性等特点。通常高等职业教育会围绕社会需求、经济发展需求来设定专业,也就是社会需要学校做什么,学校就落实相应的行动,可以说高职院校的绝大部分行为都是为了迎合当今社会的"市场需求"。除此之外,高等职业教育还对社会需求的最新前沿动态予以密切关注,它们会了解社会上新出现的职业岗位或者岗位群,并且据此在校内增设全新的专业。因此,高等学校的"毕业生将越来越不再是求职者,而首先将成为工作岗位的创造者(《世界高等教育宣言》)"。同时,高职专业设置也开始考虑学生发展的需求,即以学生的"发展需求"为驱动,为学生的未来、为学生的一生负责。此外,专业设置也需考虑学校师资情况和设施状况,尤其是实训基地条件。

### (五)师资素养不同

普通高校通常会聘任那些有着出色的教学能力和科研能力的教师担任学校任课教师,因此其十分倾向于对教师知识储备、理论掌握、科学探索等方面能力的考察,而不会过度强调教师应当具备较强的实践操作能力以及技术转化能力。高等职业教育的师资则有自身的特征,它们更加注重聘请和培养"双师型"教师,即校内的任教教师既要有理论储备,还要有一定的技术操作能力。详细而言,"双师型"教师的含义如下:教师具备不同系列技术职称中对应的两种职称,即具有教师系列职称和工、农、医、经、管、法等社会技术职称的复合型教师。实质上,"双师型"教师是指既具备宽厚扎实的专业理论功底(有普通学历证书),又必须掌握相当熟练的专业技能和丰富的实践工作(企业或第一线工作)经验(有职业资格证书)的教师。

## (六)培养模式不同

普通高校倾向于对研究型、学科型人才的培育,在教育内容上主要讲授知识理论,并且其教育内容涉及较为宽广的领域。高等职业教育强调学生在学会理论知识的同时也要提升综合实践能力,例如学会基本实践操作技能、掌握专业技术应用能力等。高等职业教育的教学模式通常具备下列特点:

### 1.推行"订单式"培养模式

高等职业教育往往会有针对性地培育其学生,因为它所培养出来的学生应当符合区域岗位的需求。在此基础上,高等职业教育应当落实"订单式"人才培养模式。详细而言就是企业和高职院校构建起合作关系,并且学校以企业的岗位需求为依据实施人才培养工作,争取让学校培养出来的人才能够满足企业需求,这样学生在毕业后就能够直接到企业就业,从而达到三方共赢的目的。

应当指出的是,"订单式"人才培养模式要依照岗位群培养方式来落实培养工作。也就是说,在学生入学初期,学校以岗位群需求为依据进行培养,为学生将来的发展打下基础;在后续学期中,学校再转换思路,以现实中企业的岗位需求来针对性地培养学生。此种培养模式能够令学生在就业时有更多选择,同时也能够让他们更加从容地应对社会上岗位的不断变迁。

### 2.重视实践教学体系建设

高职院校可通过以下有效形式,搭建适宜的实践教学体系。

首先,加强对核心实践能力的重视程度,增设实践教学课程。高职院校要从岗位需求出发,明确岗位要求员工具备何种实践能力,并据此增设校内的实践教学课程,增加实践教学在总体教学环节中的比重,切实提升学校在实践能力培养方面的水平。

其次,打造优质实训基地。对于高等职业教育院校来说,一个关键任务就在于搭建优质的实训基地。毫无疑问,对于高等职业教育院校来说,建设先进实训基地是培养应用技术型人才的关键所在。高职院校在学生培育方面往往要花费比较高的成本,其原因也在于实训基地建设需要大量的资金投入。

最后,制定严格的"双证书"制度并加以落实。双证书在很大程度上代表着实用型人才所具备的知识和能力,尤其是职业资格证书、技术等级证书等更是彰显着学校毕业生所具备的职业能力。通常,学生获取资格证书之后,在入职方面相较而言就会更加容易。从高职院校的角度来说,所设置的职业资格证书有其不可替代性。之所以这样说,是因为高职院校所培养的学生个体之间存在着较大的区别,并且他们也有着极为突出的流动性,不同个体的需求也具有差异,在此种情况下,高职院校实行"双证书"制度无疑十分符合现实需求。

（七）生源结构不同

普通高等学校的大多数学生为固定年龄段,而高等职业教育院校所培养的学生则来自各个年龄段。高等职业教育所培养的学生覆盖了整体区域,并且让学生个体终其一生都能够接受教育,这样教育的时间和空间都得到了极大的拓展,能够令个体的综合素质和技能水平都得到有效提升。

高等职业教育的学生来源十分多样,其招生也有着突出的开放性,无论是在校的还是非在校的,也无论是适龄的还是成人的,凡是学习能力达到了一定水平,并且有意愿到高等职业教育院校就学的人,就都能够如愿以偿接受高职教育,有的甚至不用接受考试就可以直接入学。但也正因如此,高职院校所接收的学生水平可谓参差不齐,不管是在学习能力、文化水平方面,还是在技能基础方面,他们都有着较大差别。所以,高等职业教育对于校内的教育对象应考虑文化理论基础与职业技术基础两方面的要求,并且从学生当前水平出发,按照因材施教的原则开展教学活动。

（八）教学内容不同

普通高等教育力求培养精英型人才,因而在教育过程中注重对学生发现及解决问题能力的提升,而在技能提升方面不会过于强调。因此普通高等教育将主要精力放在理论教学方面,而仅在实践教学方面分配小部分精力,更注重对学生的理论功底加以强化,尽管普通高校也强调让学生学会理论联系实际,但归根结底,让学生联系实际的目的仍旧在于巩固和提升学生的理论能力。

而高职院校注重对技术应用人才的培育,这些人才最终所从事的工作都和图纸、方案的实体转化方面有关。所以,高等职业教育将培养学生的"技术性"和"应用性"作为重点,从技术应用性角度来制定"工艺型、操作型、管理型"岗位或岗位群的人才培养方案。所以高等职业院校的教育内容和普通高校有着十分明显的差异。

从理论教学的层面来说,高等职业教育应当同时对高等教育和职业教育这两方面的要求加以考虑。高等教育的教学内容偏重理论性,也可以将其视为一种理论和经验二者相融合的教育。通过接受高等教育,学生能够形成一定的可持续发展能力,并且对社会岗位变动有着极强的适应性。而职业教育院校为了迅速培养出符合市场发展需求的专业人才,往往会将基本的职业训练内容安排在校内开展,这样,其教学内容的组织也定然以企业岗位要求为根据,并且不会过度强调学生对理论知识的把握,在知识方面仅仅做到够用为止,相较于"知其所以然"来说,高职院校更倾向于让学生更多地做到"知其然"。综合而言,高职院校的教育更强调符合当今社会岗位要求的专门技术及经验。

从实践教学的层面来说,高等职业教育强调针对职业岗位或岗位群所要求的专门技术应用能力和其他实践能力而设置实践教学体系。一般而言,高等职业教育的实践教学在教学计划中占有较大比重。例如,美、德、日等发达国家的高职学校都特别重视提高实践教学的比重,把培养学生的技术应用能力、动手能力作为教学的中心环节。美国高等职业教育(社区学院)学生的实习、实验和实践时间一般占总学分的三分之一左右,基本上每周都有一项实习。我国高等职业教育必须进一步加大实践教学比重,逐步达到50%及以上。

### 三、高等教育发展趋势下的高等职业教育特点分析

在当今社会,高等教育已经有了渐趋明显的发展趋势。而作为高等教育一部分的高职教育,其发展也定然符合高等教育领域的总体发展趋势,也就是说共性普遍存在于个性之中,另外高职教育也不可避免地具有其个性特征。下面对高等教育发展趋势下的高等职业教育特点展开详细分析。

#### (一)大众化

我国的社会、经济等诸多方面相较以往都实现了飞速发展,在此种新形势下,高等教育也涌现出了突出的大众化思潮,并且这种思潮已经在全世界逐渐蔓延开来。近年来人们对该趋势可谓十分关注,因为它实际上标志着教育的民主化程度。高教大众化理论的提出者是来自美国的教育学家——马丁·特罗,他以国家的科技进步和经济发展情况为依据,明确了高等教育发展的三个阶段:精英化、大众化、普及化(大学毛入学率低于15%时该国的高等教育处于精英阶段,毛入学率在15%～50%时处于大众化发展阶段,高于50%时则进入普及化阶段)。

进入大众化阶段以后,高等教育的形式会愈加多元化,并且高等教育也

能够为本区域的多方面发展起到更大的推动作用,而这也使得高等教育越来越明显地呈现出一定的区域化特征,而此种特征在高等职业教育方面体现得更加明显。该特点具体包含了下列含义:

首先,高等教育的大众化对高职教育的进步发展起到了推动作用,同时高等教育的大众化也离不开高职教育的发展。高等教育的大众化要求高等学校对多元化人才进行培养,并切实提升办学的效率及效益等,换言之,就是在投入经费大致不变的前提下,对高等职业教育加大发展力度,争取培养出更多实用的、稳定的、符合社会需求的人才。而也恰恰是出于这一点,我国高等教育规模才不断扩张,高职院校才得到了更好的发展。毫无疑问,原本的高等教育重点培养社会精英,它朝着"高"的方向发展;而高等职业教育则是面向大众开展教育活动的,更倾向于朝着"广"的方向发展。因此,在高等教育大众化方面提供重要推动力量的当属高等职业教育。

其次,高等职业教育有着突出的区域服务特色。教育大众化的一个主要目的在于全面地提升全民素质,而高等职业教育正是因为其教育全程性、受众面广等特点,成为高等教育大众化进程中一个无可替代的角色。举例来说,高等职业教育十分注重推动区域发展,可以为本区域各年龄段、各知识水平的民众提供教育机会,并且这种教育是多层次、多类别的,能够令绝大部分受教育者的需求得到一定的满足。

(二)现代化

教育现代化和诸多方面的问题相关,例如教育构成要素的现代化问题,不同类型、不同级别教育的现代化问题等。这里我们具体从教学角度出发对高等职业教育的现代化问题展开探讨。

**1.高等职业教育教学内容现代化**

在现代化社会,科技更新迭代的速度逐渐加快,学科也呈现出独特的发展趋势,其中较为明显的趋势当属学科综合及学科分化,而这又间接地推动了企业工艺及生产技术等方面的迭代,促使高等职业教育教学内容的更新速度不断加快。为了令院校培养出来的学生对新形势有更强的适应能力,学校就必须紧跟时代趋势更新教学内容,尽量让学生在教学过程中接触更多当今时代的新科技、新技术。并且,高等职业教育的教学目的在于培养出各领域的一线应用型人才,这就迫使高等职业教育必须对生产工艺及技术等的发展变化予以及时关注,并在课程开发上做出积极应对,而这些无疑赋予了高等职业教育十分突出的时代性。所以,从教学内容的角度来说,高等职业教育更注重讲授当下的新技术、新知识等。

职业教育教学内容的构成,主要表现在知识、技术的多寡、高低、新旧和虚实等方面。从社会整体发展趋势看,职业教育应传递多的知识、技术,培养具有综合能力的人才;应传递高的知识、技术,培养高层次的人才;应传递新的知识、技术,培养具有时代特色的人才;应传递实践性强的知识、技术,培养实用型人才。

**2.高等职业教育教学方法(手段)现代化**

人们对教育的认识始终处于动态变化过程中,总体趋势是不断全面和深化的,而这无疑又迫使人们不断地革新当前所使用的教学方法。从现实情况出发,教育应当对原本的教学方法加以革新,以便培养出更多复合型人才,这些人才不仅具有较高的道德修养,同时也有着不同一般的实践能力和创新能力。详细而言,教学方法的现代化应当具体做到下列几点:第一,落实实用性教学方法。教育应当着重对学生的实践能力加以提升,并且积极打造实践基地、实验室等,让学生在把握基础理论知识的同时能够通过实践教学活动实现对知识的内化,但这些都始终以对学生的道德素质培养为重要根基,并且同时要注意对学生的创造性能力加以培育。第二,积极采用新型教学方法。在教学过程中,高职院校应及时更新校内教学设备,加强师资队伍在教育技术方面的培训,真正让现代信息技术、计算机软件、多媒体设备等走进教室,提升教学效率。从实践教学的层面来说,在实训基地、实验室等的打造方面,高职院校也应当配备时下最新的生产和实验设备,引进新型生产工艺及技术,让学生在校园内部就能够真切地感受到现代化生产水平,从而为学生毕业后步入现代化企业岗位奠定基础。第三,落实人性化的教学方法。高等职业教育院校在开展教学活动时应当始终遵循以人为本的原则,追求学生的不断发展。在教育过程中,注重教学方法的启发性、合作性及探究性,让学生在和谐积极的氛围中,通过交流及探索等习得更多的知识。

### (三)灵活化

制度化教育是一个历史进程。制度化教育体现了一定的灵活性,是新时期社会民主的一种新的发展形式,是对社会民主的一种反思和落实。教育的作用不是约束或压制人,而是解放人。也就是说,教育要对学生个体之间的差异予以充分考量,明确认识到不同个体在心理、学习等方面存在的区别,并尽量为学生打造更加优质的校园环境。恰恰是因为高等职业教育院校学生之间存在着较大的差异,所以高等职业教育更应当注重教育工作落实过程中的灵活性。详细而言,这包括下列方面:

首先,高等职业教育的目标群体除了适龄阶段的学生之外,还包括那些为了换工作而存在着学习需求的人。详细地说,任何有学习意愿的人都有机会到高职院校接受教育,只要他们已经获取到了中学文凭。从这个角度出发来说可以知道,接受高等职业教育的个体存在着极大的差异,因而要求院校遵循因材施教的原则实施教育教学活动,以此来令不同个体的需求都得到一定的满足。对于高等职业教育发展来说,学分制起到了不小的推动作用,成为促进高职院校改革教学管理体制的重要方面。

其次,高等职业教育在教学时间设定方面也十分自由和灵活,基本保持全天开放,即便是周末、晚上等也不关门,学生能够以自身情况为依据决定在什么时间接受教育。

最后,高等职业教育实行多元办学体制。要想令职业教育走上更快更好的发展道路,就应当将国家、社会、个人、企业等多方面的力量最大限度地调动起来,真正落实集团化办学、股份制办学,真正搭建起校企合作的桥梁。高等职业教育不应当固守某种单一的教学模式,而是应当从现实情况出发实施多元化、多样性的办学,让学校的专业设置、办学层次、办学形式、学生类型等都变得更加灵活。举例来说,美国的社区学院在入学制度上是对学生完全开放的。任何人只要已经中学毕业或通过了中学同等学力考试,就可以进入这类学院学习。社区学院的宗旨就是满足全民的教育需求。而社区性学院数量的增加和规模的扩大,正是为更多的人提供接受高等教育的途径和机会。

### (四)人文化

尽管在当今社会高等职业教育更注重对学生技术能力的培养,但这并不意味着它对人文教育完全偏废。特别是在生态环境遭到破坏、贫富差距逐渐拉大、气候问题纷纷涌现的今天,更是需要开展人文教育,因为这些问题单靠技术无法得到彻底的解决。在当今时代,人们已经不再认同科技至上的价值观念,因为一旦将人文教育置于末等位置,人们往往就会朝功利主义发展。之所以会出现这种问题,是因为科技往往带给人们的是事实的逻辑和真相,而不会告诉人们价值判断的相关问题。所以,在当今社会科技教育和人文教育二者不可偏废。

高等职业教育应当力求做到技术教育和人文教育并重。唯有如此,高等职业教育才能够将其应有效用充分发挥出来。在德国,高等职业教育院校不仅加强学生综合职业技能锻炼,还逐步加强文化知识教育,培养学生的人文精神,明文规定学生要具备质量意识、合作能力、环境保护意识和社会责任感。在美、日等发达国家的高职学校里,政治、文学、法律、历史、哲学等课程比重也在逐渐加大。对技能人才加强人文教育的意义非常显著,不仅使受教育者具备相当的技术、技能,而且提高了开发创新能力,增强了工作责任感。由此可知,如今高等职业教育所培养的不再是单一的技术劳动人员,而是与时代发展要求相符合的技术人文者。我国的高职院校也应更加注重人文教育的落实,提升高职学生的人文修养,并注意将更多跨学科、跨文化的内容传授给学生,让他们在熟练掌握技能技巧的同时,形成良好的人文素质,从而真正为社会的健康迅速发展起到推动作用。

（五）综合化

培养综合型人才是教育的必然趋势。在理论和科技不断迭代的今天,劳动力结构也和以往有着很大的不同,这主要体现为如下两点:第一,知识型人才更受企业青睐,从现状可知大专以上学历的人往往更容易应聘成功;第二,综合型人才更符合市场需求。从人才培养类型的角度来说,人们如今更倾向于培养综合化人才,对专业进行过于细致的划分,培养单一领域人才的模式已不再适用于当前社会,单一型人才往往无法胜任现代社会的各种岗位。这是社会不断发展进步所呈现出来的必然趋势,因为如今的社会岗位具有愈来愈强的综合性,相对应地便需要聘任更多复合型人才,并且在人才流动、岗位变迁不断加速的今天,个体唯有具备综合性的能力和技术,才能够更顺利地走上工作岗位。

因此在当今时代,教育领域呈现出了两种特有的趋势:一是普通教育职业化;二是职业教育普通化。当今社会科技发达,对人才也有了更高的标准,具体而言就是要求研究型人才也具备一定的动手能力,要求应用型人才也具备相应的科研能力、分析及处理问题的能力等。在这种趋势下,为了更好地满足社会人才需求,普通教育和职业教育之间开始彼此渗透融合,特别是高等职业教育开始逐渐脱离原本的岗位适用型人才培养模式,更加注重实现学生个体的全面发展。

高等职业教育院校应当对人才培养定位加以适当调整,改变原本的单一型技能人才和纯操作型的培养定位。与此同时,很多企业在工艺、设备等方面不断更新换代,开始使用自动化生产设备,而这种改变无疑也要求职业教育做出相应的调整,具体而言就是职业教育所培养的人才既要具备学习方面的"智能结构",又要接受多元化技能培养,逐渐发展为"一专多能"型人才,为终身学习、"回归教育"等奠定基础。所以,职业学校要从现实经济情况出发,对校内的课程安排、专业结构等进行改革。职业教育不应再维持原本的专门化、专业化教育倾向,不可再过度对专业对口加以强调,而是要真正落实好厚基础、宽专业的教育,在校内推行多证书制,力争培养出一专多能的人才。在课程安排方面,为了增加学生的知识储备,可以多设置和专业相关的知识课程,便于学生日后转岗或者是对其他相关专业进行学习。为了培养出更多的复合型人才,高等职业教育院校可设置主专业和副专业,在保持主专业教育质量不变的前提下,设置其他相关专业的课程,力争实现对学生多元能力的塑造。

20世纪60年代终身教育思潮兴起并一直延续至今。终身教育将相对完善的教育体系提供给人类个体,让他们不受时间、空间的限制开展学习活动,也就是说终身教育能够将优质的知识和技能以最佳方式提供给有学习需求的个体,为个体的进一步学习提供途径。随着社会的发展,迎来终身教育可以说是必然的。在知识经济时代,社会开始转化为学习型社会,唯有不断接受新教育、掌握新知识,人类个体才能够发展为更符合社会要求的从业者。而从高等教育的层面来说,教育也并不仅止步于学生毕业阶段,教育应当为学生的终身学习打下基础,为学生的持续学习发展创造条件。

当前职业教育已经不再单纯是原本学校教育的特定阶段,它已经成为终身教育的重要组成部分。为此,职业教育需要将优质的学习机会、学习条件提供给处于不同年龄阶段的个体,令教育能够贯穿人的一生。特别是在知识迭代日渐加速的互联网时代,人们所掌握的技术和知识很快就会变得过时、老旧,而职业教育的出现则为人们提供了教育支持,让人们有机会通过职业教育掌握当前最新的知识和技术,从而令人们在转岗、换岗方面更加顺畅和容易。如今无论是中职教育还是高职教育,都不再被视作教育的终点,它们仅仅是提供教育培训功能的重要机构,它们不仅展开针对性的职业技术能力培养,令学生顺利步入社会走上岗位,还着重培养学生的各种关键能力,其中就包括学生的终身学习能力等。

# 第一章　高等职业教育的教学管理

## 第一节　高等职业教育的教学质量监控

通常,教学质量监控具体涵盖两个方面:一是对教学质量的监测;二是对教学质量的控制,具体指的是在遵循人才培养目标总体要求的前提下,对那些能够对教学质量产生影响的各个因素展开信息搜集、整理以及监测工作,并据此落实针对性举措,调节和控制教学活动的落实,以确保教学活动始终按照正常秩序进行,从而达到较为理想的教学质量的种种活动和工作的总和。

教学质量监控这项工作有着突出的复杂性,之所以这样说,是因为教学质量系统本身极为复杂,它涉及很多因素、环节和人员。从监控主体分析,则有上至教学质量第一负责人,即党政一把手,下至一线教学管理人员及学生,涉及多方面的管理机构和人员;从监控环节(过程)分析,则始于专业设置调研,终于毕业资格审查及用人单位信息反馈,涉及一系列环节;从监控目标分析,则宏观上,有总体培养目标、专业培养目标等,微观上,有课程目标、课堂教学目标等;从监控标准分析,则宏观上,有德、智、体、美全面发展基本要求,微观上,有各课程考核要求、毕业论文(设计)质量标准、实习要求等具体规定;从监控方法与手段等方面分析,则既有日常巡视、听课等,也有专项汇报、评估等。所以,要想高效地完成教学质量监控工作,就要从多领域展开探索和实践,并对多方关系加以妥善协调,令不同方面的问题都得到较为合适的处理。下面重点阐述教学质量监控相关内容。

### 一、高等职业教育必然落实教学质量监控

对于高等学校而言,其核心工作及任务就是教学,学校借助教学实现对人才的培育,其他工作都应当自觉地服务于学校的教学工作。从这个角度来说,高等职业教育应当始终将教学质量置于关键地位,将其作为学校发展的关键课题和首要追求。因此,高校必然要对自身的教学质量管理体制加

以规范化变革,打造更加全面、完善的教学质量保障体系和监控体系,切实令学校的教学质量得以提升。如今高等教育大众化已推进到新的阶段,高校所面临的挑战和课题可谓前所未有,教学质量问题也纷纷涌现出来,对此高校有必要对教学质量监控加以强化。

（一）提高教学质量,缓解资源紧张

21世纪以来受到多元因素的影响,我国不断扩大高等教育规模,高职院校学生的数量也有了明显增幅。这种规模扩大和生源扩招无疑推动了高校的迅速发展,给高等职业教育院校带来了更多的发展机会。但与此同时高等职业教育问题逐渐显现,教学资源无法得到充分供给,师资力量薄弱,特别是缺乏足够的双师型教师,无法满足教学需求,班级规模的急速扩张致使很多教学问题涌现出来。在此种情况下,如何对教学质量加以提升,实现学校在质量、效益、规模等多方面的共同发展,成为高等职业教育院校必然面临的问题,也就是说,高等职业教育院校定然要走上以教学质量提升为核心的内涵式发展道路。

（二）狠抓教学质量,缓解生源质量下降

尽管我国高校规模在持续扩大,但是高中规模却仍旧保持原本的规模,这就使得高校的生源质量逐渐呈现出下降趋势,而高职院校生源质量下降现象更为明显,因而高职院校所面临的问题就会更加突出。而在此种情况下,高职院校仍旧维持着原本的培养目标,要为社会发展提供优秀人才,这无疑给高职院校带来了极大的挑战。要想达成培养目标,高等职业教育院校唯有在教学质量上下功夫,而没有其他捷径可走。

（三）提高教学质量是高等职业教育的发展趋势

唯有始终将教学质量置于中心地位,让其他工作都为其服务,才能获得更加理想的教育效果。因此,在当今时代,政府和高校都坚持的一个教育主张就是进一步提升教学质量。我国高等学校也要定期接受上级的教学工作评估。评估是改善教育活动的一个重要手段,评估的目的在于令教学质量得到提升。为了办出更理想、更优质的教育,很多高校都开始严格落实教学评估工作,这促使高教发展步入追求质量的时代。

由此可知,目前高职院校面临着较为严峻的形势,需要不断地提高自身的教学质量。而教学质量的提升需要教学质量监控,如何更好地监测影响教学质量的诸因素的作用发挥情况、准确地诊断教学质量现状、有效地调控教学质量提高的方向和速度等问题都是教学质量监控的重点工作。因此,对高职院校教学质量进行监控有其必要性。

## 二、高等职业教育教学质量监控遵循的原则

综合而言,教学质量监控应具有合理性、科学性、有效性,因此,在设计教学质量监控体系的时候,要依照下列原则展开。

### (一)全员性原则

对于学校来说,其根本任务是培养人才,其中心工作是教学工作,其他的工作都应当为教学工作服务。所以,教学质量并非仅仅是由教学单位、学校领导者、教务处等决定的,而是取决于全体人员的工作及活动。换言之,在学校教学质量提升方面,领导发挥着关键作用,职能部门提供着重要保障,教研室及教师发挥着不可或缺的基础作用,学生则始终居于主体地位,是教学质量的根本体现。所以,我们可以将校内所有人员都视作教学质量监控体系的构成部分,他们不仅是监控的实施者,同时也在被其他各方监控。为切实提升教学质量,高职院校必然要落实整体参与、整体管理,让所有相关人员都自觉履行好自身职责,发挥好自己的作用。

### (二)全程性原则

教学活动具有明显的持续性,它并非是一蹴而就的,教学工作定然长期存在于高职院校的教育过程之中,并且教学工作的开展范围不局限于课堂上,而是能够实现课上课下、课前课后的综合联动及融合,可以说教学工作具有全面性。对于高等职业教育来说,教学质量的提升有赖于教学活动的具体实施,而并非直接源自最终的评价考核。但尽管如此,也不乏有学校在教学管理方面过度地将关注点置于结果考核方面,而不注重教学过程的落实。之所以会出现这种情况,就是因为学校过度关注目标管理、结果管理。而毫无疑问,唯有真正强化教学全过程管理才能够提升教育质量。所以,质量监控体系也应当覆盖教学的全部过程,即要做好教学准备、教学活动实施、教学活动效果这一教学工作全部过程的监控工作,如此循环往复。

### (三)系统性原则

教学质量不仅和实施教学活动的诸多人员有关,也和教学设备、教材、教学环境等客体有关,和学校在教育方面所制定的目标、宗旨等有关,所以教学质量的最终呈现是多因素共同发挥作用的结果。而学校、教研室、各院系、班级等共同组成的复杂网络便是高职院校完整的教学管理系统。所以,在设计监控体系的过程中,要始终遵循系统性原则,令监控过程变得更加系统、全面。

（四）可操作性原则

最终制定出来的教学质量监控体系应当切实可行、便于操作，也就是说，其内涵应当清晰、明确，操作程序应简便易行，所需工具也应当具有普遍性、有效性，并且监控的诸多环节之间应当设置顺畅的衔接，从而节省工作人员的时间，提高工作效率。

（五）激励性原则

在实施教学质量监控工作时要始终贯彻以人为本的理念。监控的目的不在于提出简单的肯定或者否定看法，而是通过监控形成评价，对人们进行相应的奖惩工作，令工作得以改进和完善，令被监控对象能够及时修正自身的错误及不足，更好地履行自身的职责。据此，我国教育行政部门对教育评价的指导思想作了原则性的规定："以评促改，以评促建，以评促管，评建结合，重在建设。"从中可以得到启发，即在教学质量监控方面也要侧重于实施激励性评价，目的在于提升相关人员工作的能动性和积极性。

（六）目的性原则

教学监控工作的落实要始终将高校所制定的人才培养目标和质量标准作为根本依据。教学监控人员要始终清晰地认识到实施监控工作的根本目的在于实现学校人才培养目标，达到学校所制定的人才培养质量标准。

## 三、高等职业教育教学质量监控体系的主要构成

实施教学监控工作的一个重要基础和前提条件就是将教学质量监控体系搭建起来。具体而言，教学质量监控体系应当涵盖下列内容。

（一）目标体系

教学质量监控的目标体系又可以被称作质量标准体系。其主要监控点为，宏观上，要以国家教育方针为总目标，培养德、智、体、美全面发展的，社会主义事业的合格建设者和可靠接班人；中观上，要考察学校总体人才培养目标定位，尤其是各专业培养目标；微观上，要注意监控各主要教学环节的质量标准，课程教学目标、章节教学目标的制定及完成情况，以及各部门、各单位工作目标及落实情况。

（二）组织体系

高等职业教育院校实施党委领导下的行政校长负责制度，校长通过落实多方面工作保持学校始终将教学工作置于中心地位。校长将教学质量提升工作委托给相应的主管校长。在教学质量方面，主管校长居于直接领导

地位,在其领导之下,教务处具体负责对监控工作的落实,发挥着协调、反馈、分析等作用,对教学各相关环节进行妥善安排设置,并对校内教学单位的教学工作落实情况予以监督;督导专家则要积极了解课堂教学实施进展,并予以相应的指导和帮助,促使课堂教学质量得到提升。在校内教学及管理方面,各院系是具体的实施主体,负责教学工作的实施,并且它们也是组织和实施教学质量的关键方面。而从根本上来说,教学质量监控的核心和落脚点在于"教"与"学"的状态和质量,换言之,教师和学生是最基本的监控单位,能够对教学工作落实进行直接、细致的控制与监测。可以说,当前高等职业教育的监控层次十分鲜明,主要呈纵向分布,在此基础上也有相互监控组织体系的辅助。

（三）过程体系

教学质量监控体系的过程环节和下列方面密切相关:

一是专业设置。高校通过对应的专业来培育不同领域的人才,通常学校内专业的设置要依据当前的市场需求、学校发展现状及趋势来做出综合衡量及判断。

二是招生环节。专业设置工作顺利完成后,应当落实相应的宣传及招生工作,尽量将优质生源招收入校。

三是制定培养方案环节。教学大纲及教学计划从总体上指导着高等职业院校的教育工作。通常教学计划及大纲会依照一定的规律出现变化,例如社会发展、知识进步、学生需求变化、岗位变迁等都会引发它们的相应改变,教学管理的一项必要工作就是对教学计划及大纲进行调整。它们是促使教学质量提升的一个根本保障。

四是课程安排环节。在安排课程的时候要考虑多方面内容,例如:是否严格依照教学计划来落实课程安排工作;师资安排是否恰当合理;课程衔接方面是否与教育规律相符合等。

五是教学过程。通常理论教学和教师准备、教材选用、课程讲授、教学内容及方法等密切相关。实践教学则具体涵盖了论文、实习、实训等诸多方面,它更强调教学活动的实践性,能够针对性地培养出更多优秀的应用型人才。

六是考试环节。以学校制定的考试规则为标准,严格地监控试题质量、学生考试资格、监考及阅卷过程、考试分析等诸多环节。在重考、补考等特殊考试环节方面,也应始终按照制度严格落实,不可持松懈态度。

七是审查学生学籍和毕业资格环节。依照规定严格审查学生的学籍和毕业资格,避免那些没有资格取得证书的学生滥竽充数顺利毕业。另外,还要对学位授予率、毕业率等因素加以综合衡量。

八是对毕业生及其就业情况的追踪调查。要从生源自身特点出发,对其就业层次、就业率、对口率等展开监控。及时追踪毕业生就业后的情况,了解并掌握学生本人意见、用人单位评价等重要信息,并将它们作为后续学校设置专业和安排课程的重要依据。

九是学生管理环节。在思想道德、学风等方面加强学生管理。

十是活动管理。学校注重文体活动、专业竞赛等的组织和开办,并对学生的参与和获奖情况实时监控,明确学生在参与活动的过程中所展现出来的科研能力和创新能力。

通过对以上诸多环节的全面监控,逐渐构建起高等职业院校内部的全方位监控体系。

（四）制度体系

近年来高校对教学管理方面予以了高度重视,制定了一系列标准的、有效的、可实行的教学管理制度,其中自然涉及教学监控的措施及方法等问题。主要的监控措施和制度如下:

第一,听课制。建立学校领导及人事、教务、学生管理部门、教学单位中层干部、督导专家、同行相结合的听课制。

第二,评教制。定期开展由学生、督导专家、同行、领导及教师本人五个方面参与的评教活动,对教师的教育教学质量进行评价。

第三,日常教学巡视制。学校领导及教务处、学生处、教学单位领导等共同对教学及考试等过程进行随机检查和巡视。

第四,教学集中检查制度。实施期初、期中及期末教学检查制度。

第五,教学提高机制。采取定期教学交流、观摩活动及青年教师教学基本功比赛措施,定期开展教学研究活动,定期开展教学培训活动。

第六,教学信息反馈机制。定期召开教师、学生座谈会,聘用学生教学信息员,广泛收集课堂教学反馈信息。

第七,规格及质量的标准化制度。制订培养计划、教学大纲、主讲教师教学文件、考试管理、毕业论文（设计）、实习等各主要教学质量环节的统一质量标准及格式要求。

（五）信息反馈体系

不同层级和类别的监控人员及监控组织,应当对所监控到的信息进行及时反馈和共享,因此,高等职业教育院校应当搭建起完善的信息沟通渠道,例如定期提交监控报告、召开交流会议等,力争建设起信息反馈闭合回路。

（六）保障服务体系

相关职能部门将一定的服务和保障提供给校内的教学质量监控系统。这些部门指的是物资供应、资源管理、后勤保障等相关部门。它们的职责在于确保教学监控所需的教学资源、物质资源等始终充足。另外，各单位要对教学工作相关信息加以汇总和整理，并尽快提交给相关监控组织。

## 四、高等职业教育教学质量监控体系建设的完善措施

目前高等职业教育的教学质量监控过程尚不完善，相关部门可从学校实际情况出发借鉴下列举措，进一步优化校内教学质量监控体系。

（一）监控重心下移，充分赋能院（系）级监控

高等职业院校的教学质量监控体系较为庞大，它能具体分成校级监控和院（系）级监控这两个层次。校级监控主要负责监控平台建设方面的工作，例如制度的制定、要求的提出等；院（系）级监控则具体对教学质量负责，是监控工作的主要落实者和组织者，其所拥有的监控条件是其他组织所不可比拟的。举例来说，院（系）级监控和师生的交流更加密切和直接，它们能够较为深入、准确地把握师生的教学情况、教学状态等，所以它们在教学质量监控方面应当被视作"主力"。所以，高等职业教育院校要对原本的纵向监控模式加以变革，令监控工作的落实遵循自下而上的原则，具体而言就是学校应当将监控重心下移，充分赋能院（系）级监控，令其作用充分发挥出来，进一步提升监控工作的质量。

（二）明晰教研室职责，发挥其综合作用

高等职业院校应当明晰教研室的性质，并令其成为人们的共识——教研室是对教学活动、教学环节进行组织以推动教学质量提升的基层教学组织和监控机构。要落实相应措施令教研室作用充分发挥出来，令其更谨慎地落实好教学研究、大纲制定、教学研讨及教学质量监控等工作。

（三）将学生视作信息来源渠道之一

在教学活动中，学生占据着主体地位，他们能够获得第一手监控信息。高等职业院校应当令学生充分认识到自己的主体地位，增强学生的责任感，让他们积极地将监控信息报告给相关部门。详细而言，学校可推行学生信息员制度，并令学生知晓投递监控信息的具体方式、地点及时间等，增强学生反映信息的积极性。

### (四)完善考试管理,强化考试薄弱环节

首先,应明确考试的目的及意义,考试是为了对学生的学习情况加以判断,并在给予学生反馈的基础上促进学生的进步。学校要从题库设计、出题、考场纪律维护、阅卷等诸多方面综合强化考试管理,以便营造优良考风,为教学质量提升奠定基础。其次,制定严格的考试标准并予以落实,即便对于补考、重考等特殊考试也绝不放松,防止滥竽充数的学生侥幸过关,唯有如此才能够更好地营造校园学风。

尽管高等职业教育教学质量监控体系极为复杂,涉及多个领域和方面,是对管理人员的一项重大考验,但只要严谨、认真地落实好教学监控工作,就能够得到更加优良的教学效果。

# 第二节　高等职业教育的教学标准化管理

为进一步提升教学管理工作质量,高等职业教育院校应当不断优化工作模式,保持先进的教育观念,对教学标准化管理展开深入、细致的探究和实践。唯有如此,学校才能够不断完善教学管理工作。

## 一、高等职业教育教学标准化管理的基本构想

### (一)指导思想

高等学校的使命是培育人才,其中心工作就是教学工作,而对于高等教育质量的提升来说,一个必须重视的环节就是教学管理。高等职业教育院校应当落实好教学标准化管理工作,真正在学校内部营造优良的学风和校风,在切实做好师生的文化教育、思想工作的基础上,积极探索教学过程中涌现出来的问题及情况,不断优化和完善学校现行的观念及制度等,唯有如此,才能够逐渐发挥育人精神、塑造校园文化、加强校园学习氛围,为教育质量的提升打造良好的外部环境。

在遵循人才培养要求不变的前提下,学校要想切实提升教学质量,就要积极变革教学管理制度,深化控制教学过程。详细而言,学校要落实下列举措:第一,围绕学校教育质量构建起多方面共同参与的监测和评估机制,完善相应的制度建设;第二,令教学管理工作的落实进一步规范化,对管理人员的工作质量标准、岗位职责等予以明确,并将其通过一定的规章制度呈现出来;第三,搭建顺畅的教学管理信息沟通渠道,令管理方面的控制链得到有效连接,让教育质量的提升有机制保障;第四,提高管理工作效率,尽量不

重复落实工作,并力争顺利完成工作,切忌在工作中出现失误,造成工作拖延现象出现。

（二）整体设计

依照现代管理的要求,管理对象应当被视作有机组织系统。从本质上来说,管理行为指的是在控制系统内实施的一系列组织、计划及控制活动。与此同时,管理过程还存在于信息传输系统之中,具体实施对信息的取得、传递、处理和存储等工作。所以,传递和控制信息的工作具体发生于有机的组织系统之中。在上述理论的基础上,我们可以将系统工程的操作程序和学校的教学标准化管理工作结合起来,具体操作如下:第一,从系统的角度出发明确问题,即从全局出发制定出总目标以及目标衡量标准,并将总目标分解细化为一系列小目标;第二,明确系统中多种因素之间的关系,也就是清楚地把握哪些因素会给教学标准化管理总目标的实现造成阻碍,并且明确不同部门、参与者以及工作环节之间所存在的关系;第三,针对组织系统、研究对象搭建逻辑模型,明确其中的复杂关系,将清晰的工作程序制定出来;第四,落实和反馈,也就是说积极落实教学标准化管理的相关实践,并且构建反馈机制,依据反馈信息对管理工作加以完善。

在进行上述工作时,借鉴了控制论关于多级控制、多层控制与分散控制的理论,及其工作原理和运行规律。同时吸收了信息论关于信息反馈系统的构建与运作的理论,在建立教学标准化管理体系中将多级控制、多层控制与分散控制的原理在实践中加以运用。

通过分析教学标准化管理与一般管理的共性和个性,最终确认教学标准化管理必须包括以下三个基本方面:标准、程序和体系,即信息传递与控制行为的规范（标准）、信息与控制传递的合理化（程序）,以上两者又是在一个教学标准化管理体系中实现的（体系,又称组织）。于是,体系（组织）、程序、标准就成为教学管理工作的重点。

## 二、高等职业教育教学标准化管理体系构成

（一）教学标准化管理的组织结构及其基本功能

根据信息论和控制论的相关知识可以知道,管理者通常以所接收的信息为依据来做出决策,并将决策转化成指令传达给相应的执行机构,执行机构通过对指令加以实施令被管理系统完成相应的行动;在此过程中,监督器负责对执行情况进行监测和检查,并及时向管理者提交反馈信息,以让管理者明确指令的最终落实情况;测量器负责对被管理系统的最终效果进行评

测,并将评测结果提交给管理者,令其方便和预期目标进行对比,从而在此基础上对指令、计划等加以修改和调整,便于目标的顺利达成。

教学标准化管理系统是信息反馈系统和过程控制系统的有机结合。管理从某种程度上来说等同于控制,因此在组织机构中可以确定出不同的身份,例如学校领导、教务部门、教学单位负责人、教师、学生等,并进一步明确了这些人员所承担的"控制器"(主管系统、管理者)、"贮存器"(资料室、档案室、信息数据库)、"执行机构"(执行人员)、"监督器""测量器"(检查人员)等职责,突出了标准化的信息传导、分层调控和分级制衡机制。另外,在教学标准化管理方面,我们还针对部分专项工作制定了有针对性的管理体制,例如毕业设计管理、实习训练管理等,令管理工作中的层次和环节变得更加明晰,也让相应的参与者更加清楚地认识到自己所承担的责任及所拥有的权利。

在该体制下还填充了部分调控节点和调控环节,例如,定期巡视及检查、考试管理、随机听课等,令分属不同层次和系统的管理行为通过明确的制度呈现出来,并借助这些行动的实施推动标准化管理目标的达成。

### (二)教学标准化管理的程序、制度文件

在教学标准化管理的整个链条中,包含着很多参与者,他们的作用及地位存在着较大的差异。将管理程序通过某种制度清晰地呈现出来,能够让不同的参与者更加清楚自身的权利及义务所在,从而方便工作的安排、控制及监督。当前,部分学校已经推出了教学标准化管理的相关制度和程序并已经加以落实,它将教学管理诸多环节涵盖其中,这些环节包括:毕业设计流程、实习管理流程、课程管理流程、学生报到选课程序、教师教学流程、考试管理文件流程等。

教学管理程序文件发挥着十分重要的作用,它能够将不同参与者的行为集中到统一的时间轴上,让不同参与者明确自己在纵向上应该衔接哪些工作,在横向上应当与哪些参与者协同合作,如此一来,不同方面的工作就能够有序开展,让参与者明确活动的时间限制、与其他参与者的合作关系以及最终的落实效果等。具体而言,教学管理程序文件发挥着如下作用:首先,从调控对象的角度来说,教学管理程序文件对不同岗位的义务、责任以及它们之间的制约关系做出了清晰的规定,方便相关人员对部门运行情况进行监督;其次,管理又带有突出的服务性质,从服务对象的角度来说,文件理清了各环节的内在逻辑关联,明确了其工作上的时间顺序,令师生对于教学管理体系的工作程序一目了然,从而令工作的实施更加透明。

### （三）教学管理的标准

通过系统科学可以知道，从信息传递的层面来说，优质的调控系统要具备过滤、压缩、分解信息流的功能，从控制的层面来说，该系统还应当有相应的比对标准，借此来对目标进行相对的调控。由此，在教学标准化管理体系的诸多节点及其流程的各环节都应当制定出一定的"标准"。为实现此种标准化，高等职业教育院校可以利用软件设计制作教学管理模板，操作步骤如下：建立和模板名字对应的文件夹，之后教学管理人员、教师及学生运用模板生成相应文件，并将其中内容填写完整，最终完成打印和上传工作。伴随着工作的发展和深入，教务部门应当及时更新文件模板和表格。详细而言模板文件有着下列特点：

首先，形式方面。使用模板文件能够令信息整理更加有序、整齐，方便将信息导入计算机中实现后续操作，并且最终生成的文件看起来整齐划一，十分美观。同时，在模板中可以使用电脑应用软件的便捷功能，例如运用表格实现数据整理及运算等，从而减少了人员在这方面的投入。也恰恰是由于模板的便捷性，使得很多教师和管理人员逐渐改变了对它的态度，从原本的排斥到接受再到欢迎。因此，在开展新工作时很多人会自觉地选用模板文件。

其次，功能方面。在高等职业教育院校的教学标准化管理体系中，模板主要发挥着"格式标准"和"比对标准"的作用。第一，模板文件可以被视作某种格式标准，用来过滤、压缩和分解各种信息流，举例来说，学校所使用的各种表格模板、统计模板，十分方便教学管理信息的加工和整理，统一的模板能够令汇总起来的信息全面且有针对性。第二，模板文件可以被视作某种比对标准，通过模板能够了解考核标准、工作规范等内容。通过模板中表格的各个项目，可以知道教学过程不同环节所遵循的标准，在对表格进行填写和完善时，实际上也是在对教学活动的各个环节进行记录检查和评估。

## 三、高等职业教育加强教学标准化管理的效果和体会

通过教学实践可以知道，对教学标准化管理的体制加以完善、程序加以规范，并制定出明确的教学管理标准，在教学质量提升方面发挥着极为重要的作用，具体阐述如下。

### （一）有利于实现教学管理的规范化、制度化

将上述所说的各项工作落到实处，能够将管理、控制因素和整个教学过程结合起来，从而令教学过程管理渐趋标准化和程序化，有利于推动教学管

理制度的不断优化和创新。在持续的优化和改进之后,学校就能够构建起较为合理的教学管理体制,令学校有着更加突出的调控机能。

**(二)有利于管理观念的创新及工作作风的改进**

较长一段时间以来受到多种因素的综合影响,高等职业院校的教学管理工作往往更倾向于实施目标管理、结果管理,而对过程管理、标准化管理有所忽视,并且在教学管理等方面,过度强调"人治"和人为干预,而不注重通过制定规范或者制度来对各种活动加以约束。

**(三)有利于优化管理手段,增强工作效率**

首先,对管理体制加以完善、对管理标准加以明确、对管理程序加以梳理,能够避免工作中出现推诿、脱节等问题,从而令结构得以完善;其次,标准化管理能够令工作顺序和环节变得更加清晰,从而减少劳动重复、效率低等问题的出现;最后,将部分信息技术手段带入标准化管理工作中,从而令工作效率得到了有效提升。

**(四)有利于实现管理育人、提升教学质量的目的**

通过实践可知,对于自身基础并不雄厚的高职院校而言,借助完善管理措施来令教学质量提升有着突出的现实意义。依照现代管理学理论,学校管理水平是学校各实体要素的"放大镜",若是学校管理措施无力或者不到位,那么就会令学校薄弱部分被极大地放大,并且可能致使学校陷入困境;与之相反,高等职业院校落实强有力的管理举措,有利于对学校现有资源进行优化整合,从而令现实存在的一些缺陷得到某种程度的填补。高职院校成立时间普遍较短,特别是新开办或者是新升级的学校,不具备丰富的实践经验,管理方面也处于较弱水平,通过落实标准化管理的相关操作能够有效提升高等职业教育院校的教学质量。

# 第三节　高等职业教育的教学质量评价

高等职业教育院校对教学质量予以重视,有利于教学管理变得更加科学、有序,能够在很大程度上推动教育教学改革。而实施教学质量评价,可以令学校各方面人员更好地把握学校现实情况,深入挖掘教学现存不足,并及时对情况加以反馈,促使相关人员不断改进和完善,进一步提升学校教学质量;同时各方面人员也能够广泛了解当前存在的其他教学问题,并予以针对性解决。

在教学管理工作中,一个不可忽视的环节就是教师课堂教学质量评价。

课堂教学质量评价指的是教师、专家或者学生等主体以特定的价值规则为依据，使用相关评价技术对教师教学情况的综合反映，这里所说的教学情况具体涵盖了教师的教学态度、组织能力、教学水平、教学技巧、教学效果等。下面对教学质量评价相关方面展开深入阐述。

## 一、高等职业教育教师教学评价应遵循的原则

### （一）评价目的是促进教师发展

评价的最终目标不在于做出单纯的是否或者对错判定，而是通过得出评价结果来给予被评价对象一定的教学反馈，令其根据反馈结果实现针对性的完善和提升。因此，据此我国教育行政部门对教育评价的指导思想作了原则的规定："以评促改，以评促建，以评促管，评建结合，重在建设"。以此种思想为根据，可知在开展教师教学质量评价的过程中，应当将主要精力放在发展性教学评价方面，将促进教师发展、提升教学质量视为终极评价目的。发展性教学评价并非纯粹地判断出不同教师的优劣之别，而是始终服务于教师的可持续发展。对于高等职业教育院校来说，在开学初期，相关部门就要把详细、严格的评价标准告知教师，令教师形成正确对待评价的思想，并积极落实自我管理。实施教师课堂教学评价工作，能够让相关部门更加全面、准确地把握教师的教学情况，同时教师本人也能够及时获取评价结果，知晓自身在教学上的长处和不足，从而对不足之处加以改善。另外，教师不必担心评价结果外泄，评价的目的并不是区别教师优劣，而是让教师了解自己的表现情况。高等职业教育院校领导者要定期和教师展开沟通交流，对教师近期的评价结果加以总结和分析，激励教师不断提升教学水平。

### （二）评价主体多元化原则

单方面评价主体所得出的评价结果可能存在一定的片面性，因为教师课堂教学质量是多方面因素共同作用得到的。因此，在评价活动中要始终遵循评价主体多元化原则，让教师、领导、学生、专家等都参与到评价活动中来，共同实施教学质量评价。与此同时，将不同主体的评价综合起来，即实现自我评价、互相评价、他人评价等融为一体的多元评价方式，从而令最终得出的评价结果更加准确、客观和全面。

### （三）全面化原则

首先，评价内容应当遵循全面化原则。现实中有多种因素会给教师课堂教学质量造成一定的影响，从教师层面来说，这些因素就包含教学态度、教学能力、教学手段、教学内容等方面。所以，切忌仅从单个方面出发进行

评价,以免得出过于片面的结论,具体应当从多角度、多层面出发落实系统评价,对教师教学质量予以客观、全面的反映。

其次,要遵循全面化原则收集评价信息。具体而言,评价人员可通过现场听课、举办座谈会等方式获取一手资料,并确保这些资料的正确性、客观性;另外,切忌通过某一时间段的评价结果对教师工作进行主观臆测或者推断,而是要在形成不同阶段评价结果的基础上落实交叉评价,得出综合性结论,所以教师或专家等可以定期到教师课堂上听课;此外,在每学期结束的时候组织学生进行教师教学质量评价工作,这样一来学生就能够结合整个学期的教学情况对教师的教学情况做出较为准确、全面的评价。

### (四)定量评价与定性评价相结合原则

定量评价相较而言有着更加突出的公正性、客观性,但是它的指标十分复杂和细致,一旦漏掉某些指标评价就会令评价结果出现一定的偏差。定性评价相对来说更加全面但却十分笼统,并且其评价结果中融入了一定的主观因素,所以评价结果客观性不强。所以在实施评价过程中切忌仅使用一种评价方式,而是要将定性评价、定量评价二者结合起来,将两种评价方式的优势充分发挥出来。在具体的实施过程中,量表包括量化部分(有精确指标和对应分数)和开放式问题部分(侧重于调查对教师教学的建议和意见),使定量、定性有机结合,量表示例见表1-3-1。

表1-3-1 视导组及教师同行评教委——随堂听课记录表示例(教书育人环节)

| | A级(90%～100%) | B级(80%～89%) | C级(70%～79%) | D级(0%～69%) |
|---|---|---|---|---|
| 教书育人(10分) | 教师对学生做到严爱相济,并主动做到教书与育人相结合。学生不迟到、不早退、不旷课,课堂纪律好 | 教师对学生基本能做到严爱相济,能注意教书与育人相结合。学生迟到、早退、旷课情况少(少于7%),课堂纪律好 | 教师能注意教书育人,对学生情况了解少。学生迟到、早退、旷课情况多(多于7%),课堂纪律一般 | 教师不注意教书育人,对学生漠不关心。学生迟到、早退、旷课现象严重(多于15%),课堂纪律涣散 |
| 听课教师评语或建议: | | | | |

### (五)特色原则

该原则具体包含下列两层含义:第一,评价应当对教师个人特色加以明确和突出;第二,评价应对高职院校所具有的特色加以强调。

毫无疑问,教学同时具有科学和艺术的属性,换句话说,教师既要掌握教学技术、教学规律等科学知识,同时也要不断塑造自身的教学艺术、形成独特的教学风格,并且教学风格也反映和体现着教师的教学魅力及教学质量。因此,若是教师个人特色突出,教学充满新意并且能够取得优良的教学效果,那么在评价过程中就要适当地给予偏重。

## 二、高等职业教育教师教学评价方法及组织实施

高职院校培养的是符合市场需求的应用型技术人才,因而其学校特色十分鲜明,与之相对应,高职院校的教师也应当形成自身风格及特色,切忌在教学方面千篇一律,或者照搬普通高校教师的教学方法及模式。详细而言,高职院校教师应当成长为双师型教师,教师不仅要掌握扎实的理论基础,同时还要有娴熟的专业技能和丰富的实践经验;不仅要有教师方面的职称,同时还要取得工程技术系列职称。在评价双师型教师时,也应当在评价过程中给予一定的侧重。

### (一)制定评价标准及确定各类评价权重

首先,向多领域、多层次人员征求意见和建议,并对其他兄弟院校切实可行的评价方案加以借鉴,两相融合打造属于学校自身的评价标准。分别制定出教师本人评价表、学生评价表、专家评价表、教师同行评价表,如果学校电脑等设备配备齐全,也可以将评分表制作为电子表格,这样更便于人们操作。其次,要对不同主体的评价权重予以明确,尽量均衡不同方面所占的评价权重,教师自评可不纳入最终评价结果仅作参考,也可以从不同评价方面出发分配给其一定的权重。

### (二)成立校级教学视导组,负责专家组教学质量评价

学校成立由主管教学的校长、教务处长、各专业资深教师等人员组成的教学视导组,视导组成员的遴选要具有权威性、广泛性和代表性。视导组评教属于专家教学质量评价。视导组应由主管教学副校长领导,视导组评教的协调与组织等具体管理工作由教务处负责。

### (三)成立院(系)同行教学评价小组,负责同行评价

院(系)同行教学评价小组包括院长、系主任、教研室负责人、教师等。各院(系)教学秘书将学期评价计划,包括被评教师姓名、评价课程、参与评价班级及教研室(实验室)、院(系)评价的时间提前报教务处。该评价表格并不对外公开,并且也不告知被评价教师,以此来保证能够顺利检查教学课程的连续性和授课进度,以免教师掌握评价时间后精心准备受评价的课程。评价活动应当在整个学期落实,同行教师可以定期集中去听课,院系及教研室则能够不定时地、随机地到课堂上听课,但为了令最终的评价结果客观、

公正,实施评价的同行教师应当多于 3 人。同行评价小组要对教师教学情况展开深入研究和探索,并且依照平时的观察及彼此的讨论意见来公正、准确地对评价表格进行填写,填写完毕后得出最终分数并上报给教务处。如果在相同学期内,有教师担任多门课程的任课教师,并且这些课程都在同样的院系之中,那么可以把多门课程教学评价的平均分当作该教师的最终评价分数。

（四）学生评价

院（系）往往会安排学生在期末或者课程结束的时候进行教师教学质量评价活动,具体步骤是将学生组织在统一的教室或者机房中,通过打分的方式对任课教师展开评价。具体组织班级评价工作的是各班的班主任或者辅导员,在落实评价活动之前,辅导员或班主任应当明确地将评价的要求、作用等告知全体学生,让学生摆正心态,在评价时切勿将主观因素、个人偏见等掺杂其中。在评价过程中若是采用的是纸质表格,那么可以把不同学科的评价表格同时下发到学生手中,让学生在比较中做出评价,待学生填写完毕后直接收回评价表格,并提交给教务处;如果使用电脑软件完成评价,那么就可以借助软件完成对学生评分的汇总。

（五）加强评价资料保管

为做好评价资料的保密工作,确保评价的公正性,相关部门应严格保管评价资料,要禁止除了院（系）领导之外的其他人员随意地对资料进行翻阅。评价活动全部完毕后,及时将评价资料上交给教务处,由相关工作人员对评价结果进行整理汇总,并写入对应教师的教学业务档案。

（六）及时反馈、及时奖励、及时提高

教务处对评价资料处理完毕后,要把综合评价结果整理出来,并将结果报告给各个院（系）,之后由院（系）相关人员和教师进行及时沟通,让教师在获知自身评价结果的基础上明确自己在教学方面的改进方向。对于评价结果较为出众的教师,学校可以予以奖赏或者鼓励;对于评价成绩稍弱的教师,学校可以提供相应的培训或者指导,促使教师更为迅速地提升课堂教学质量。

（七）妥善处理评价结果

学校应对教师评价结果保密,不可将其对外公布,这样做的目的是避免教师之间通过评分进行彼此间的比较,评价的根本目的在于促进教师素质的提升。在目前的情况下,教师教学质量评价工作仍旧处于初步发展阶段,因此并未完全确定出评价的尺度和标准。另外,有很多教师十分在意他人给予的评价,面对外界评价时往往会感到非常大的压力。若是过度注重教师之间的横向比较可能会令教师的自尊心受到损伤,从而阻碍教师的发展,并且不利于后续评价工作的实施。在这种情况下,只好由院系的相关领导将评价结果告知教师,让他们从心理层面上比较能够接受,从而主动地提升自己的教学水平。

## 三、常见的问题及应对措施

### (一)常见问题

大部分高职院校在教学评价方面的情况非常类似,它们存在的问题也较为接近。下面以某高校为例对评教中所出现的普遍问题展开详细的探索。

第一,根据某高校的统计分析结果可以明显地看出,在开展教学质量评价的过程中,相较于学生评价和视导组评价的分数来说,同行评价的分数明显更高,和学生评价分数已经形成了非常显著的差异。学生评价和视导组评价的分数则较为接近。之所以会出现这种情况,是因为同行会顾及同事的面子或者因为害怕得罪同事而故意打高分数,就是说会将主观因素掺杂在评价的过程之中。

第二,在组织工作方面教学评价也存在着一些普遍性的问题。部分院校的教研室、院(系)对待评价工作的态度十分散漫,往往只是被动地接受上级所分配的评价任务,而不会积极主动地落实评教组织工作,没有真正明确通过教学评价提升教学质量是部门的重要职责之一。还有一些院(系)在评价方面随意性突出,完全无视评价的标准和原则,随意对评价表格进行填写,使最终得到的评价结果有失准确。另外,在组织评价的过程中,组织者没有令学生真正明白评价的意义和重要性,没有充分引起学生对评价工作的重视,使得部分学生随意填写评价表格,阻碍后续评价结果的统计工作。

第三,部分教师并未给予自评工作充分的重视。教师自评实际上为教师提供了一条反思途径,它能够有效地促进教师成长。但在实际落实自我评价的过程中,部分教师对自己的评价比较简单、模糊,评价信息不深入、不全面、不系统。这样一来,相关领导部门就无法清晰地把握教师对教学的评价意见和评价要求,并且教师本人也无法通过反思和评价来实现自身的成长与发展。

第四,在填写评价问卷的实际过程中会出现很多意外问题,而这些问题往往是无法事先预料和控制的。举例来说,某些课程参与评价的学生人数少于应评学生人数,这样往往会使得最终的评分超出现实水平。并且学生评价人数过少时的评价结果其客观性、准确性无法得到充分的保证,从而令最终的评价结果不具备充分的可信度。

第五，教学质量评价工作需要多方面的协调合作，无论哪个环节出现疏漏，都必然会对整个评价系统产生影响。举例来说，受种种原因的影响，教学质量评价可能无法覆盖学校的每一位教师，即出现漏评的现象，令总体的评价结果受到一定的影响。

### （二）评价工作改进举措

第一，严格依照特定的标准和原则来落实教学质量评价工作，这是评价工作落实不可缺少的基础条件，它保证了评价工作的科学性、客观性和有效性。在部分学校可能会出现专家组评价与同行教师评价的分数存在着极大区别的情况。出现这种情况的原因可能是双方对评价标准的理解和认识存在着较大的差异。因此，校方应当召集教师统一对教学评价标准展开学习，使之能够严格根据评价标准来落实评价活动。

第二，及时对经验进行总结，对评价指标进行适当调整，令评价方案进一步优化。高等职业教育院校所实施的评价方案及指标并不总是十分完善的，它需要人们在评价过程中不断探索问题、发现问题、分析问题，并及时地根据问题对评价方案进行优化和完善，从而进一步增强评价工作的合理性、科学性。

第三，当前很多高等职业教育院校主要通过定量评价的方式来实施教学质量评价，并且把定性评价作为简单的参考。这种评价方式无法囊括所有的教学信息，因为固定的指标所涉及的方面是有限的。所以，高等职业教育院校要将定量评价和定性评价两种方式结合起来，并且把调查、访谈等相关的评价方式融合其中，增强教学质量评价的立体性、全面性。

第四，在组织评价的具体过程中，为了减轻组织工作对评价结果准确性的影响，要强化对评价者的培训。从学生的角度来说，学校可以给学生强调教学评价的作用及意义，营造良好的校风氛围，增强学生的责任心，让他们认真负责地对待教学评价工作。从教师的方面来说，学校要让教师形成客观、正确的评价思想，尤其是要准确地评价其他教师的教育表现，这无疑有利于教师之间的彼此促进，提升教师的教学水平。

第五，当前高等职业教育院校的教学评价工作是垂直性的。在这种工作机制下，部分教师觉得自己处于被动地位，只是被动接受上级的教学检查。针对该问题，学校应当对教学管理机制加以优化，激发教师的主观能动性，让他们积极地参与到教学工作的研究和改革中来，让他们以更加积极的态度面对教学评价工作。

# 第二章　高等职业教育的学生管理

## 第一节　高等职业教育学生管理的内涵

### 一、高等职业教育学生管理的概念

高等职业教育学生管理是指高等职业院校通过整合校内外教育资源，依靠专兼职管理工作人员和组织，对学生进行思想政治教育和日常行为规范教育，最终将学生培养成为具有综合职业素质和具有中高级专业技术技能的高素质劳动者的活动。

高等职业教育学生管理具有高等职业教育的特点，在高等职业院校管理中显现出自己独特的地位和价值，在学生管理中已经摒弃了广义的学生管理的含义，越来越集中地体现在对接受高等职业教育的受教育者的管理上。高等职业教育学生管理的特点是：高等职业教育学生管理是全校参与的管理模式，但管理的负责部门是学生工作部（学生工作处）。高等职业教育学生管理的具体承担者是学生管理部门的管理人员、班级班主任、辅导员以及兼职学生管理人员。高等职业教育学生管理是高等职业院校教育管理的重点之一。

### 二、高等职业教育学生管理特点

#### （一）高等性

高等职业教育学生管理的高等性特点是相对而言的，也就是说，高等职业教育对学生的总体要求类似于普通高等院校，从而比中等职业教育更高一级。相较于中等职业教育来说，高职院校在师资力量、学生水平、教材建设、实践教学等方面都更加优质，并且在学生培养方面除了注重学生技术能力的养成，还注重对学生综合素养的培育以及对学生个体可持续发展能力的塑造。

## （二）职业性

高等职业教育从本质上来说属于职业教育,其注重人才培养的职业性,也就是培养符合当前市场需求的技能型人才。它所培养的学生能力并非纯粹、简单的谋生能力,而是能够在相关专业得到延伸、拓展和不断发展的一种职业能力。

## （三）技术性

从某种角度上也可以将高等职业教育视为某种技能教育,因为它的根本教育要求是让学生具备一项擅长的技能。所以在教学方面,高等职业教育始终注重操作性、技术性及实践性。在现实教育过程中高职院校要积极与企业搭建合作桥梁,形成产学一体化机制,让学生既掌握学校教授的理论知识,又学会企业提供的实践技术,使其真正成为符合市场要求的应用型人才。

## （四）时代性

高等职业教育的发展在很大程度上和国家经济、文化、政治等多方面的发展保持着同步性,在此背景下,高等职业教育学生管理逐渐彰显出其鲜明的时代性。如今我国已经步入大众化教育时代,高等职业院校的学生都是在新时代背景下成长起来的,他们往往有着独立的思想、多元的选择及鲜明的个性,并且有着较为突出的竞争意识以及自我管理思想。院校学生所具有的时代性无疑也令高职院校的工作落实等更具时代感。

## （五）目的性

高职院校的学生工作主要是以学校的培养目标、根本任务及现实特点等为根据来落实的。高等职业教育存在着明确的直接目标——培养符合企业一线工作需求的应用型人才,即在生产线上可以直接进行生产、技术及管理工作的现代化人才,并且他们应当是具有极强应用能力、可跨专业或者跨行业发展的人才。培养目标确定之后,高等职业院校在实施学生工作的时候就会重点培养学生的职业能力,强化对学生综合素养、岗位能力的现实提升。

## （六）实践性

高等职业教育是依照社会要求对社会所需人才进行培养的一种实践活动。高等职业院校的学生管理工作并非听命于某个个体,其行动也并不是随意实施的,它从本质上属于一种社会行动,并且有计划、有目的、有组织。为了培养出道德高尚、品性优良的职业人才,目前高职院校从社会现实需求出发落实了一系列教育实践活动,例如开展专题讲座、组织社会实践等,以求达成预期的人才培养目标。

## 三、高等职业教育学生管理内容

### (一)确立学生管理工作理念

在明确高职院校学生管理内容之前,应当先阐明学生管理所秉承的工作理念,唯有如此才能够知道如何更好地应对学生管理工作中的各种突发情况。在不断探索和分析的基础上进一步创新学生管理理念,有利于令学生管理效果得到提升。

#### 1.树立"以人为本"的学生管理工作理念

在高职院校学生管理方面,"以人为本"的内在要求就是以学生为本,即给予学生一定的理解和信任,令学生的权利、尊严等得到充分尊重,围绕学生现实需求开展管理工作,真正推动学生发展。在当今的社会背景下,高职院校的学生管理者要始终秉持以学生为本的理念落实工作,以学生内在需求为根据制定政策、执行任务,对学生的长处和优势予以充分肯定,并且所制定的学生发展目标应当符合学生现状,能够让学生具有更加强烈的自我提升、价值展现的愿望,让他们在发展过程中真正体验到成功的愉悦,从而形成个体发展的良性循环。

树立以人为本的思想理念。学生是鲜活的人类个体,他们具有独立人格、思想情感、个性需要,并且他们每个人在习惯、爱好等方面都与其他人存在差异,但无论怎样,每个学生个体的主体性始终都应得到尊重。高等职业院校的学生管理者要积极地将以人为本思想融入管理理念之中,更深入、清晰地把握学生的现状及需求,切实帮助学生克服成长道路上的阻碍;给予学生充分的尊重,包括尊重学生的权利、人格、尊严等;给予学生足够的信任,切实认识到不同个体的内在潜能,从主观上相信学生在正确的引导和精准的努力下都能够实现自身的进步。另外,学生管理者要不断驱逐原本思想中的偏见,具体而言就是要做到如下几点:不将学生视为没有思想、没有主动性的被动加工产品,不再将学生置于客体地位;改变命令式工作方式,切实培养出有个性、有活力、有创新精神的现代化人才。

制定贯穿着以人为本理念的学校制度。良好的制度建设能够为学校各项工作的顺利开展提供保障,学生管理工作的落实也离不开制度的保障及约束。但应当明确的是,在制定管理制度时,制定者应该保持良好的动因。举例来说,制定学生管理制度是为了推动对学生的管理和教育工作,令教育教学等各项工作严格依照相应的制度运行,其制定目的并不是束缚学生自由、损害学生的部分权益。

打造以人为本的教育环境。教育环境在很大程度上影响和决定着人类个体的发展。所以,学生管理者也要为学生打造优良的外部环境,让学生在环境中受到潜移默化的影响。另外,管理者可以组织多种类型的活动,让学生拥有更多展现自我的机会,从而让学生通过参与活动实现自身的成长与发展,让学生多方面的能力都得到一定的锻炼。

采用以人为本的管理方法。以往部分高职院校所采用的学生管理方法较为生硬,往往在不顾及学生情感和内在需求的情况下,脱离学生身心特点,采用制度压制、语言说教等方式对学生进行"管制"。此种管理方法毫无科学性,在此种管理环境下,很难培养出合格的社会主义建设者和接班人。所以说,管理者在落实管理工作的过程中也要注意做到"因材施教",也就是为学生提供更多的发展机会,让他们有平台挖掘和展现自身的能力,从而推动学生综合素养的提高。在管理方法上,管理者切忌"一刀切",而是在切实了解学生身心特点的基础上采用最能够激发学生发展意愿、最能够取得良好管理效果的教育方法。

**2.树立教育、管理、服务相融合的理念**

在诸多学生工作中,教育无疑始终居于核心地位。对于高等职业教育学生管理来说,应当始终将学生的思想教育置于重要地位,特别是要给予特殊学生以格外关注,让他们以科学、正确的方式对待外部环境中所发生的一切情况,并且增强他们的意志力和心理承受能力。另外,学校要对思政课教学予以充分重视,让学生树立科学的思想观念,让他们以正确的价值方式来对待社会现象,能够做到明辨是非,并且用科学观念来指引自身的现实行为。

在学生工作中,管理发挥着重要的基础作用。在迅速发展的时代背景下,高职院校也展现出了前所未有的发展速度,在此种背景下,学生综合素质的发展却存在着一定的滞后性,学生管理工作方面的突发情况层出不穷,极大地增加了学生管理工作的难度。具体而言,学生管理者要不断更新自身的管理理念,在严格落实制度管理的前提下适当借鉴情感管理方法,从而更好地实现对学生行为的规范管理,让学生自觉维护学校的运转秩序。

在学生工作中,服务扮演着重要的依托角色。高职院校的学生管理者要充分意识到自身工作所具有的服务性,要时刻秉持为学生服务的思想落实各项工作,并且应当明确,此种服务具有平等性,不能因学生个体不同而提供差异化的服务,要真正做到推动每一位学生的发展。举例来说,部分学生家庭条件较差,为了不令学生负担过重的经济压力,学校管理者可通过提供助学金或者提供勤工助学岗位等方式使学生丰富经济来源,让他们通过努力和汗水缓解自身的经济压力;另外,部分学生存在着一定的心理障碍,对于此类学生,管理者可积极与其沟通交流,或者是联系心理咨询教师为学生提供相应的帮助,让他们以更加积极、健康的心态面对生活和社会;对于毕业后没有找到合适工作岗位的同学,学校管理单位就应当利用自身资源优势收集就业信息并提供给毕业生,或者联系用人单位举办就业洽谈会议,从而助力学生更快地走上工作岗位。

综合而言,高等职业院校的学生在不同方面所扮演的角色也存在着一定的差异。举例来说,在学习方面学生主要扮演学习者角色,他们应当积极丰富自身知识体系、提升自身的综合能力;在就学方面学生扮演着消费者的角色,因为他们要把学费上交给学校相应的教育部门,从而能够享受学校所提供的诸多服务;另外,在掌握一定的知识和技能之后,学生又可以扮演创造者的角色,即可以创造性地落实一些设计和研发工作,为社会做出独特的贡献。所以说,学生管理工作者要形成正确的学生观念,在管理学生、教育学生的同时将相应的服务提供给学生,让学生管理工作步入新的台阶。教育、管理、服务一体化的实质是在教育中管理、在管理中服务、在服务中使学生接受教育。

**3.树立时代性、科学性、层次性相结合的理念**

时代性、科学性与层次性相结合的理念就是说要树立依法治校的管理理念、与时俱进的发展理念和实事求是的实践理念。

时代性——与时俱进的发展理念。如今我国已经步入"互联网+"时代,在此种时代背景下成长起来的学生们能够借助更多的渠道来实现信息的获取,特别是网络媒体上有着海量信息,能够更好地满足学生的信息需求。信息获取渠道的扩展和丰富给高职院校学生管理工作带来的影响具有两面性:一方面,它令学生管理工作中出现了很多此前未遇到过的新情况、新问题,同时丰富了管理工作的手段和途径。举例来说,管理者可以将电子邮箱、管理软件、即时通信工具等应用在自身的工作中,丰富与学生沟通的渠道,令工作效率得到有效提升。在现代化背景下,高职院校的学生管理工作者在教育理念方面也要做到与时俱进,对信息资源具有更高的敏感性,并且能够积极利用网络来提升工作效率。

科学性——依法治校的管理理念。如今我国十分重视法律宣传工作,高职院校的学生也有了更加鲜明的法治观念,相对应地,高职院校学生管理人员也应当注重自身法律素养的提升,形成法律意识,掌握法律知识,并自觉按照法律规定来落实自身行动。在以往的管理工作中,高职院校的学生管理人员不具备明确的法律意识,从而在落实工作的过程中可能会侵害学生的部分权利,这无疑不利于后续学生工作的顺利落实。

层次性——实事求是的实践理念。在高职院校中,不同学生的特点和情况存在着较大差异,因此学生管理工作者要做到深入了解和把握学生实际情况及身心特点,并且针对不同学生采取针对性措施,做到因材管理,切实促进学生管理水平的提升。举例来说,部分学生成绩优异、学习态度认真、在校表现较为出色,那么管理者可以指引他们走上学业深造的道路;对于表现落后、学习态度不端正的学生,可组织他们开展各种校园活动,促使他们形成积极向上的人生态度,避免他们走上人生的弯路;而对于特长较为出众的学生,可以让他们加入社团进一步提升自己的能力。

### (二)高等职业教育学生管理的工作内容

在高等职业教育学生管理方面,树立相应的工作理念之后接下来就要落实具体的管理工作,下面对相关内容展开阐述。

#### 1.管理角度

从管理的层面来说,高等职业院校的学生管理工作是围绕人所开展的一系列协调活动,从根本上来说属于社会现象。高等职业院校将众多学生聚集到一起,看起来更像是社会的"浓缩版",因此在此种环境下管理工作是不可或缺的。为了达成育人目的,离不开管理人员的协调和组织工作,唯有做好管理工作,高职院校的运行才能够较为稳定和有序。高职院校的管理工作具有一定的特殊性,其管理方法十分灵活,管理对象是特定学生群体,管理内容繁杂多样,管理过程注重服务性。从本质上来说,学生管理属于教育管理的范畴。伴随着国家各方面的发展,高职院校的学生管理工作也应进行适当的调整,也就是在对高职院校学生进行约束、规范、控制的同时,给予学生科学的指导和服务。高等职业教育学生管理工作主要内容体现为:学生学籍管理、学生行为管理、学生活动管理、学生住宿管理和其他管理等。

在高职院校学生管理工作中,学籍管理是一项重要内容,即学生在院校就学的整个阶段中学校对其学习过程所实施的管理。学籍管理和学生的学习状态、资格认定等方面密切相关,并且关系到各种证书的发放、学生上学状态的调整、纪律和考勤等方面。高职院校要对现行的学籍管理制度加以优化和完善,令教育教学秩序和行为变得更加科学和规范,令学生在学习方面的权益得到有效保证。此项工作需要教学管理部门进行具体落实。

学生管理者要树立全局观念,认识到学生行为管理的重点在于检查和纠正,促使学生实施正确的行为。一旦发现学生行为异常,管理者就要积极采取适当的举措,推动学生健康成长。该工作具体的落实者是学生管理部门。

学生活动管理通常具有如下特点:周期性、阶段性、系统性、计划性等。学生管理工作者要积极采取相应举措,落实全方位教育活动,促使学生综合素养的提升。学生活动管理的内容包括思想教育活动、艺术、文艺、美术、科技、社会实践、社会服务、体育活动和勤工助学活动,按法律规定允许的大型集体游行、示威活动等。这部分工作主要由校团委、学生处等部门承担。在学生管理方面,住宿管理是另一项重要内容,同时也是管理工作中较难处理的部分。学生住宿管理的内容包括:行为规范管理,环境与卫生管理,安全保卫管理等,学校要建立健全学生住宿管理制度,高等职业院校学生应当遵守学校关于学生公寓或宿舍管理的制度。这部分工作主要由后勤部门和学生管理部门共同承担。

高等职业教育学生管理还包括奖励与处分管理。奖励与处分管理是指学校依法对学生进行的奖励与处分的制度。除此之外,如高等职业院校学生就业管理、高等职业院校学生社团管理、高等职业院校学生上网管理等方面。这部分工作由院系团委、学生管理部门、学校就业指导中心承担。

**2. 规定准则要求**

参照《普通高等职业教育学生管理规定》《高等职业院校学生行为准则》的要求来看,高等职业教育学生管理的内容可以按以下几个方面来划分:一是按照高等职业教育学生自身的活动形式可划分为学习管理(包括课堂学习管理和课外学习管理)、生活管理(包括食堂生活管理和宿舍生活管理等)、行为管理、常能管理和常规管理。二是按受教育内容,可分为德育、智育、体育、卫生、美育和劳动技术教育等方面的管理。三是按管理方式可分为自我管理、班级管理和行政管理。下面对其中部分内容进行重点阐述。

学习管理。学习管理工作的内在要求是促进学生的全面发展。这里所说的学习并不局限于课堂之上,校内校外的诸多理论学习活动和实践活动也应当囊括其中;学习不仅局限于理论知识的获取,还要不断开发学生的动手能力,让学生真正实现理论与实践这两方面的融合;既要丰富学生的知识储备,又要锻炼学生的各项技能;同时兼顾学生智力和体力的提升;另外还要对学生思想道德素养的提升予以关注。

生活管理。生活管理隶属于学生管理工作范畴,是管理工作的一个重要环节。落实好生活管理工作,能够让学生切实感受到政府和党所给予的关怀,让学生按照正常的秩序和规则展开各项活动,逐渐养成健康、文明的生活习惯,形成优良的道德品质,从而有利于高职院校培养目标的顺利达成。生活管理工作应当全面覆盖学生在校时的所有生活活动,例如饮食起居、卫生健康等。上述管理工作的实施有利于提升学生在校的生活质量,促使学生形成优良的生活习惯。

行为管理。在高等职业教育领域,行为管理,顾名思义,是对学生平时的行为进行规范和管理,具体指的是对其行为加以监督、检查、指导及修正。若是管理者发现学生所存在的问题已经严重影响了其个人品德发展,那么就应当对该问题予以重视,并落实针对性的举措予以遏制,确保学生在就学过程中在正向的轨道上成长。

常能管理。常能管理是涉及学生多方面能力的管理,例如学习能力、活动能力、生活能力等。这里所说的常能具体指的是在生活和活动中那些学生最基本的、最常见的能力。常能管理有其十分重要的意义,常能管理能够让学生养成最基本的能力,从而在此基础上实现自己各方面能力的提升。若是学生不具备基本的常能,那么他们就没有办法进一步掌握更具难度的能力,从而对他们的成长造成极大的障碍。常能训练能够令学生在生活中变得更加自立。

常规管理。常规管理主要是指经常性的规章制度的管理,内容包括课堂常规、宿舍常规、图书馆借阅常规、饭厅常规、集会常规、实验操作常规、劳动常规等方面的管理以及师生之间、同学之间应有的礼貌要求。这些常规几乎覆盖了高职院校学生的一切活动。对常规的管理关键体现在课堂方面,若是在课堂上学生不按照规章制度积极学习,那么教师就无法顺利地传授理论知识。另外,课堂常规同时也对教师提出了一定的要求。常规管理在学生入学阶段就应该实施,让学生在入校之初就自觉地养成良好的习惯。

德育管理。德育管理工作的落实对于高职院校来说极为重要,它指的是对德育的有机协调、组织、控制及落实,即以特定要求和学生发展规律为依据,有组织、有计划、有目的地塑造学生心理环境,提升学生思想道德水平的一种极为关键的教育活动。它涵盖了诸多方面的内容,具体包括:爱国主义教育、集体主义教育、理想教育、辩证唯物主义教育、文明礼貌教育、诚实正直教育、遵纪守法教育、劳动教育等。

智育管理。智育管理是对高等职业学生智育活动进行计划、组织、协调、安排、控制的总称,它是学校按照一定的智育教育标准,有目的、有计划地对高等职业院校学生落实智育教育工作,让学生在掌握职业技能以及理论知识的同时,真正发展成为国家所需的优质人才。高等职业院校学生智育管理的内容包括学习知识的管理、培养技能的管理、开发智力的管理等方面。

体育与卫生管理。体育管理是学校对高等职业院校学生体育活动进行计划、组织、协调、控制的总称,具体指的是高职院校依照特定的标准组织和指导学生开展有较强组织性、计划性的体育活动,让学生通过参与体育活动获得强健的身体,让他们以更好的状态迎接当下和未来的学习及工作活动。

体育管理遵循教育规律、学生身心发展规律以及学校的体育管理原则,它尽量以较少的投入、以最佳的方法来最大限度地获取体育效益。卫生管理是高等职业院校管理工作的重要组成部分。高等职业学生卫生管理包括高等职业学生作息制度卫生、教学卫生、课外活动卫生、体育锻炼卫生、学校环境卫生、教学设备卫生、膳食卫生、供水卫生、住宿卫生、心理卫生、健康检查、疾病预防、卫生宣传等工作的管理。

美育与劳动技术管理。在高等职业教育学生管理工作中,美育管理就是美育与学校教育管理的融合,真正落实好高职院校的美育工作,能够提升学生的审美水平,让他们在审美方面更加具有创造力和鉴赏力,从而真正将他们塑造成全面发展的人才。对于高等职业教育来说,怎样把美学因素融合在实际的教学之中是当前所面临的一个重要课题。从内容角度来说,美育管理涵盖了如下内容:提升学生对美的感受能力、鉴赏能力,让学生具有行为美、情操美,具有一定的审美创造能力。劳动技术教育管理则具体指的是实现职业教育和生产劳动这两方面的深度融合,以顺利达成人才培养目标。

高等职业教育的活动管理包含了校内和校外两个方面。在给学生课外活动实施管理工作的过程中,要具体做好行动引导,以便达成下列目标:第一,让学生的爱好、兴趣得到充分的培育和发展,力图将学生现有的特长或者潜能发挥出来,推动他们成为各个方面的优秀人才;第二,让学生在课外活动中逐渐提升自己的思想道德水平,树立正确的价值观念和道德立场;第三,通过课外活动促使学生理论知识和实践能力的结合,让他们真正学会把知识应用在现实活动之中;第四,让学生在与他人的交流之中形成一定的交际能力,为他们日后步入社会岗位奠定重要基础;第五,让学生的精神方面得到净化和陶冶,并在此基础上实现灵魂的升华。

当然高等职业教育学生管理工作所包含的内容并不仅限于上述几种,其覆盖的范围十分宽泛,所采用的管理方法也具有多元化特征。对于高职院校来说,学生管理工作是必须要落实的一项重要环节。只有在恰当的管理之下学校才能够真正培养出培养目标中所规定的那一类人才。学校落实规范、有效的管理工作,有利于学生在校期间养成优良的习惯,并且具备基本的能力,让他们在实现健康成长的同时为日后的发展奠定重要根基。

# 第二节　高等职业教育学生管理的过程控制

## 一、高等职业教育学生管理的前馈控制

### (一)前馈控制概念

前馈控制是指控制原因的控制,即观察那些作用于系统的各种可以测

量的输入量和主要扰动量,分析它们对系统输出的影响关系,在这些可测量的输入量和主要扰动量的不利影响产生之前,通过及时采取纠正措施来消除它们的不利影响。前馈控制的控制作用发生在行动作用之前,其特点是将注意力放在行动的输入端上,使得一开始就能将问题的隐患消除。

在具体的管理过程中,前馈控制的含义是管理者可以事先预测出那些可能发生的管理偏差,并且针对这些偏差提前做好相应的准备,或者落实具体的措施避免这些偏差出现,从而增强对后续工作的控制性,将前馈控制的意义充分地发挥出来。

在现实实践中,前馈控制这种方式的应用实际上非常普遍,即人们往往会提前对相关资料进行广泛地搜索和收集,并以管理工作的具体要求为依据对这些资料展开深入、详细的分析论证,最终将这些分析论证的结果与预期的目标进行对比,在此基础上进一步根据对比结果实施针对性的举措,或者对事先制定好的计划进行调整,确保最终能够圆满完成既定的管理目标。

对于高职院校的学生管理来说,落实好前馈控制工作能够令后续的学生管理工作更加顺利和有效。也就是说,在学生刚刚进入学校的时候,相关管理人员就应当及时对学生的学习态度、思想行为、学习目标等加以规范和引领,并不断调整采用更加正确、科学的教育方法,从而切实提升学生管理效果。

在落实学生管理工作的具体过程中,高职院校要定期对管理计划实施特定的调整,并且将总体的管理目标划分成不同阶段的小目标,确保最终整体目标的顺利实现。在此过程中还要监督学生制定好自身的学习目标以及学习计划,确保学生在学校就读期间能够高质量地完成学业。另外,对于高职院校的学生管理来说,其过程其实有多个参与者,这些参与者包括学校、学生家长、社会以及学生自身等。应当特别指出的是,高职院校学生是最主要的受控制对象,并且这些学生个体在心理、年龄、家庭背景、个人经历等方面有着较大的差异,就使得校方的管理部门要更加具体、深入地落实好前期控制工作,为后续工作的实施奠定基础。

### (二)前馈控制实施

在学生管理工作中落实前馈控制,具体要做好下列几个方面的工作:对于控制系统和行动计划要进行资料方面的具体分析,如果条件允许,可以将因果关系图或者是系统模型图绘制出来,在具体落实工作的过程中,不断对这些分析图和模型图进行调整和优化,令它与现实工作的情况更加吻合;另外,在工作中及时展开预测和相关情况调查,如果环境参数发生变化,就要及时将这些变化写入模型之中,并根据模型将可能出现的偏差信息预判出来,以事先准备好的计划方案为依据,从现实情况出发落实科学的纠偏举措。

在控制管理的具体实施过程中存在着诸多不确定因素,例如前期所收集的资料可能不具有完全的准确性,其有效性也无法得到保证;另外,在后期管理工作过程中可能会涌现出来很多新的要素和信息,而这些都是无法事先完全预测的,这些因素都会给前馈控制带来相应的风险。

### (三)高等职业教育学生管理的前馈控制

**1.管理方实施的前期准备工作要得到学生认同**

高职院校学生入学军训工作的实施就是一个很好的例子。大部分学生对入学前的军训方式是持认同态度的,而且在军训推进的过程中如果采用的训练方法科学、恰当,那么学生的认同度会更高,并且在之后的入学生活中能够较好地延续军训效果,将这些效果真正体现在学生管理实践之中。军训能够有效地规范学生各方面的行为举止,军训所发挥的作用可能比平时的学校教育所发挥的作用更强,并且其效果所持续的时间更久。

**2.做好前期引导**

在思想意识教育、行为规范教育、校规校纪教育等方面,学校要做好对学生的前期引导,让学生以更加积极的状态迎接在校生活。对刚踏入校门的学生开展学前教育有利于学生后续在校期间的成长,能够让他们在入校之初就明确树立自己的学习目标,让学生更加清晰地知道自己在校期间具体要完成哪些工作,要实现什么计划。与此同时,学校要将规章制度明确地告知学生,并给学生强调遵守纪律的重要性。综合而言,入学教育在前馈控制中发挥着极为关键的作用,落实好此项工作,其所发挥的效果和作用都会在日后的工作中得以显现。

**3.形成立体网络交叉管理**

对新生入学教育的管理工作,要从不同层面、不同形式来落实,构建起一个立体交叉的网络化管理结构。高职院校要结合学生的实际情况来落实入学教育,并且调动学生的主动性让他们自觉制定自己在校期间的学习计划;另外,还要了解和把握学生在中学期间的学习管理教育情况,争取让中学时期的教育效果直接延伸到高职院校之中。

在高等职业院校学生管理的前馈控制中,做好前期学生管理各项工作的准备,杜绝学生管理工作变为"消防队员"工作,制定学生管理工作的目标,为达到预期的目标,需要做好下列几点。

第一,学生管理部门要对行动计划和控制系统中学生的发展特点做出明确分析,将关键环节确定出来,并制定出对应的工作预案及计划,完善最初的准备工作。

第二,对前期学生管理模式加以构建。因为学生管理往往有着特定的规律可以遵循,可以参照常规管理模式来实施相应的工作。模式确立后,只需要在遇到突发情况的时候及时予以调整。

第三,在构建前期学生管理模式的过程中,注意留出一定的调节空间,这样方便后续在管理工作中遇到意外情况时进行相应的调整。这样一来,学生管理模式就可以始终呈现出一种动态的可调节性,给管理人员留出调整的余地。

第四,在落实学生管理工作的具体过程中会产生很多学生的考核数据,相关人员要及时收集和汇总这些数据,并与前期制定的管理模式进行对照,查看其最终的落实结果。另外,通过分析具体的数据查看学生管理在哪些指标上存在着异常和不足,并探索其原因,制定相应的解决措施,避免给学生管理工作造成负面影响。

第五,完善预先保障机制,确保工作能够按照约定的日期实现。具体来说,就是要构建工作机构,在组织方面作出明确的保证。与此同时,还要制定出完备的保障制度,设计相应的工作模型。通过做好这些准备工作为后续工作的顺利开展奠定基础。

## 二、高等职业教育学生管理的同期控制

### (一)同期控制概念

同期控制是指控制过程的控制,也称为现场控制。它是发生在管理活动正在进行中的控制。在管理活动进行之中予以控制,管理者可以在发生重大偏差前及时发现并解决问题。同期控制中,主要是控制点处于事物发展进程的过程中,管理者要对正在进行的活动给予及时的指导与监督,按照前期设定的计划,以保证活动按规定的路线、程序和步骤有序进行。同期控制主要围绕行动过程展开,其目的在于防止行动中出现偏差,一旦有偏差出现,管理组织应当及时进行纠正,确保本次管理活动能够达到一定的质量水平。

在高等职业院校中,实施学生管理的同期控制管理主要通过一些方式方法实现。举例来说,高职院校会在学生管理方面实施适当的封闭式管理,这种封闭仅限于特定的区域和特定的时间。这种封闭管理从某种程度上来说能够让学生管理工作变得更加有序,让学生管理具有更强的可控性。另外,为了更好地落实学生管理工作,学校除了要令学生达到预先制定的教育目标,还要积极组织开展多样化的活动来配合学校的教学任务。这里所说的多样化活动既包括专题讲座,也包括其他校内活动。其中,在学生教育管理方面发挥作用较为明显的是法制讲座,它的同期控制作用十分显著。

（二）同期控制特点

### 1.标准化程序

因为同期控制管理活动往往有着重复性、经常性的特点,所以管理者通常情况下会依照标准程序来落实工作,令管理活动顺利开展,避免因为各种突发情况而造成较大的偏差和问题,从而无法达成目标。同期控制要依照原则制定出严格的程序和流程,让所有管理活动都能够依照这些程序和流程来落实。举例来说,在学生管理工作中需要处理的一项重要工作就是贫困生资助。要完成这些工作,管理者只需要依照提前制定的流程和程序来完成相应的审批和资助工作。若是管理者依照程序和流程来实施工作,仍旧有部分贫困生因为某些情况而无法达到受资助的要求,那么管理者就可以采取其他适当的方法和手段来令贫困生的问题得以解决。这样,按贫困学生资助的工作流程,每道工序的最终点为程序控制点,每道工序的终点管理者为管理工作的质量控制者,对不符合政策规定的贫困学生有责任、有权利提出纠正和改正的措施和办法,这样使每个贫困学生在资助工作过程中都受到监控。

### 2.高工作效率

因为同期控制都是按照特定的程序和流程来推进工作的,所以其工作效率始终保持在较高的水平。只要没有意外情况和意外问题出现,那么管理工作就不会受到阻碍而拖慢进度。所以为了以更高的效率落实同期控制工作,高职院校就要提前制定好相应的规章制度,避免在工作落实过程中出现工作人员彼此推诿责任、工作推进混乱等问题。

### 3.直接监督

在实施同期控制工作的过程中,管理者不仅扮演参与者的角色,同时也扮演了监督者的角色,能够给工作实施以正确的引导和帮助,让管理主体的能力得到一定的提升。另外,在同期控制管理工作中,管理者能够直接将工作技巧和工作要领介绍给其他工作人员,并对工作中出现的错误或不足等予以纠正。此外,管理者还可以确保管理工作按照计划推进,并最终达成预期目标。管理者在同期控制管理中具有重要的监督职能,他们应当在第一时间明确活动是否与计划之间存在偏差,一旦发现偏差,要及时将其扼杀在摇篮之中,避免它们阻碍管理工作的顺利实施,或者是引发其他的连环问题。尽管在具体的工作之中,纠偏行动和管理者做出反应之间往往会有一定的延迟,但这种延迟并不会造成非常大的负面影响。另外,在如今的"互联网＋"时代,同期控制设计也可以借助发达的信息科技手段来实现。

### （三）同期控制落实注意事项

同期控制落实有如下几条注意事项:第一,对管理工作计划的各方面情况进行及时的指导和监督,不要随意听从个人主观意见来制定出新的标准,或者是在出现突发情况时临时制定出某项标准,这样会令标准不具有统一性,从而对后期测量和评价管理工作的进度及质量造成不利影响。第二,指导和控制的内容应当符合被控制对象本身的工作特征。通常情况下,对于体力劳动来说,采用严厉的监督方式可能有利于工作效率的提高和工作质量的提升,但对于创造性劳动来说,控制内容就不应当过于单一和严厉,而是应当积极为人们打造良好的外部环境,让他们有更好的条件展开创造。第三,过程控制的效果在一定程度上取决于控制者和指导者本身的素质。

### （四）高等职业教育学生管理的同期控制

#### 1.征求学生意见

对于高等职业院校学生管理的工作人员来说,实施同期控制时要注意征求学生们的意见,看他们对同期控制的方式和手段是否认同。举例来说,如果高职院校的学生认同学校采取封闭式管理,那么在学生管理工作中就可以落实此项措施,在学生认同的前提下采取管理举措往往能够达到比较理想的效果。

#### 2.强化管理过程的可控性

在高等职业院校中,学生管理过程必须要落实整个过程的控制,力争让管理工作变得可控。在实际开展学生管理工作时,始终让学生处于受控状态有着较大的难度,因为高等职业院校学生基本具备了独立的思想和行为,要想让他们依照学校规章制度来实施行为,学校就要通过恰当的教育方法方式来强化对他们的教育。

#### 3.实施人性化管理

高职院校的学生管理工作应该具有突出的人性化特征。有时学校的学生管理工作可能会与学生的自我意识存在着一定的冲突,部分学生为了宣泄内心的不满情绪可能会故意做出一些违规违纪行为。但从根本上来说,这并非因为学生品性有问题,因为高职院校的学生往往已经成年,他们渴求一定的自由和独立,希望摆脱教师和学校的束缚,因此,高职院校的学生管理人员要从学生特点出发实施人性化的管理工作。

在高等职业院校中,学生管理同期控制工作的一项重要目的就是确保前期制定的计划得到顺利地推行。这个过程需要由学校学生管理部门工作人员联系学院学生管理部门工作人员和班级班主任、辅导员通过深入到各班级、各年级进行监督检查、指导和控制。

主要做好以下几点:首先,学生管理部分把正确的工作流程及工作方法告知年级或者班级的负责人。在同期控制管理的落实过程中,上级部门发挥好指导、监督作用,及时发现偏差并予以纠正,确保管理工作按照事先计划的进度推进。其次,对目标实现情况进行监督,要同时兼顾同期控制工作和监督工作,监督工作的落实具体以预先制定好的工作目标及计划为依据。最后,及时发现管理中的偏差和违规行为,并采取针对性措施对其进行遏制。

### 三、高等职业教育学生管理的反馈控制

#### (一)反馈控制概念

反馈控制是指控制结果的控制。反馈控制就是根据最终结果产生的偏差来指导将来的行动。反馈控制的基本过程为:以预期业绩为标准→衡量实际业绩→将实际业绩与标准相比较→确定偏差→分析造成偏差的原因→确定纠正方案→贯彻纠正措施。由此可知,反馈控制的作用在于确保行动按照计划顺利开展,它在整个管理系统中占据着重要地位。通常情况下,管理工作是否能够取得成功,重点就是反馈是否快速和准确。

反馈控制指的是某阶段的管理活动落实完毕之后,对该阶段的管理情况和管理结果做出评估和总结。在诸多控制类型中,反馈控制历史悠久、应用也最为普遍。它将控制节点设定在流程的重点位置,即对程序的最后一关做好严格的把控,确保错误偏差不再进一步造成负面影响,从而确保整个管理系统正常运行。因为此种控制是在管理工作结束后才实施的,即它发生在行动之后,所以其弊端也显而易见:管理者得到反馈信息的时候已经出现了一定的损失,其所能做的仅仅是对损失加以补救和对后续的过程进行控制,避免再出现类似的损失。

在高等职业教育学生管理工作中落实反馈控制,应用较为普遍的一种形式是检查。举例来说,学生管理部门会定期地对班级卫生、宿舍卫生等进行检查。此种定期检查能够督促学生养成更好的行为习惯,这种检查的落实者通常是学生管理部门,是进行反馈控制经常采用的方法。在控制过程中,负责巡查的除了教师管理者之外,还有团组织、学生会、后勤部门等,多方检查往往能够更快地发现结果偏差,并将检查结果及时上报给学生管理部门,再由部门召开问题解决会议,制定解决问题的部门、解决方式及解决期限,确保后续工作的正常开展。

#### (二)高等职业教育学生管理的反馈控制

##### 1.定期检查

定期检查能够督促计划照常推行。在学生管理方面的工作中,学生普

遍接受部门定期检查的方法,对这种检查工作的落实有着较高的认同度。学校定期检查能够积极推动计划的顺利落实,并且能够及时查出在落实计划的过程中是否存在部分意外问题,是否有其他因素阻碍学生管理目的的达成。定期地检查、调整和纠偏,为目标的顺利达成提供了重要保证。举例来说,在学生宿舍卫生情况检查工作中,通过定期检查,可以改善学生在卫生方面的不良习惯,例如乱丢垃圾、不整理床铺等。

### 2.正面引导

尽管学生对定期检查的认同度较高,但也不乏部分学生内心十分抵触这种检查,并且有的会认为此种检查可有可无,不会给其生活带来什么影响。可以说,这些学生的想法是非正面的,尽管这些学生仅是少数,但是如果高职院校学生管理部门没有及时对他们加以引导,造成的负面影响可能是极为严重的。

### 3.注意事项

高等职业院校学生管理反馈控制要贯穿于整个计划落实过程中,即从制定控制计划开始,到落实完毕控制计划为止,探索出总体过程中所存在的问题。这些问题要在前期控制、同期控制过程中予以仔细挖掘,同时在反馈控制过程中也要加以注意,并进行针对性地调整,以免这些问题给后续的学生管理工作带来一定的阻碍。所以,在落实反馈控制工作的具体进程中,学生管理部门要着重注意下列几点:

一是探寻现状与目标之间的差距,并依照这些差距及时落实纠偏工作。在管理工作全部完毕之后,反馈控制管理就要将工作结果汇总出来,与预先目标进行对照,为后续工作打下根基。

二是对导致差距出现的因素进行分析和探讨,查看这些因素后续是不是能够避免,查看在行动前是否预测到了这些因素的出现等,查看因素是突发的还是早已出现但较为隐秘而未被发现,查看是事前可以避免的问题还是同期控制时没有发现的问题。

三是从问题分析出发查找出解决问题的方法和举措。探寻差距出现的原因,根本上是为了令问题得到解决,避免后续工作中再出现类似的问题。

# 第三节　高等职业教育学生管理的建议及措施

## 一、管理理念以人为本

高等职业教育学生管理将在校高职学生作为其管理对象,这些学生大部分处于青少年阶段,有着鲜明的个性化特征。学生们在校就读期间也在不断地成长和发展着,加之高职教育相较于普通高等教育来说具有一定的特殊性,因此,高职院校学生管理工作的相关人员在落实实际工作的过程中,要始终坚持以人为本的思想,深入了解和把握学生特点,给予他们更多的理解和关怀。

（一）理解人本化管理概念

首先要注意两个概念,即管理过程中人的要素和物的要素哪个重要的问题,是人的要素重要还是物的要素重要,坚持以人为本的理念,坚持管理的主要对象是人而不是物,管理的主要任务是处理好人与人之间的关系,确立人本化管理理念。管理过程中充分调动人的积极性、主动性和创造性,高效地实现管理目标。因此,人本化管理的核心就是"尊重人、依靠人、发展人",最终就是"以人为本",实质在于人被看成是生产力的首要因素和人是被解放和发展的最高目标。

在落实人本化工作过程中,先要明确管理对象的身份及特征。毫无疑问,在高职院校学生管理方面,学生始终居于核心和主体地位。人本化管理从本质上来说就是在落实管理工作时做到以生为本,充分尊重学生的主体地位,激发他们的能动性、主体性,借助各种合理的方法提高学生的积极性及创造性。

以生为本,就要做到尊重和理解学生,给予学生正确的指引,力争实现学生的全方位发展。实施人本化管理,一个重要的前提就是给予学生充分的尊重,唯有如此才能够真正了解学生。要实施人本化管理,一项重要工作就是理解学生,这里所说的理解涵盖了学生生活的时代特征、学生思想、学生问题等诸多方面。另外,"人本化"也十分强调对学生的引导,借助引导激发学生积极性,让其主动参与人本化管理活动,从而推动其实现自我价值。

（二）高等职业院校人本化管理的必要性

当今世界在诸多领域都实现了跨越式发展,尤其是科技进步推动社会变革,相应地提升了对人才的要求,因此对于高等职业院校来说,一项重要的任务就是培养符合社会要求的应用型人才。在学生培养工作过程中,强化学生管理、树立就业导向、提升学生综合素质是培养应用型人才的关键,同时也是对学校社会效益、办学质量加以衡量的重要指标。但是在人本化管理方面,院校仍旧存在着部分限制,具体阐述如下。

**1.教师综合素质有差距**

当前我国的很多高等职业院校是由原本的几所中等职业学校合并而来

的,相较于高职院校来说,中职院校在师资力量方面较弱一些,这具体体现在教师的理论素养、文化水平、政治素养等方面。

### 2.学校管理理念有差距

很多高职院校将自身定位为提升学生学历水平、赋予学生谋生技能的职业教育学校。在管理理念方面,更注重对学生职业技能的培养,而并没有充分考虑学生学习能力、转岗能力等的发展,这种情况就会造成学生毕业时虽然有着较高的就业率,但是却未能实现良好的长远发展。

### 3.学校管理体制有差距

在管理体制上,很多高职院校沿用原本的单向管理体制,也就是在政策制定、任务传达等方面实行自上而下式的管理,下级往往只是被动地对命令加以执行,而下级在上报反馈信息时也只能逐级进行,师生只需要对上级命令加以服从,这种形式无疑不利于任课教师想法的传达,不利于了解学生感受。这样的结果就是上级忽略了对师生想法的了解和把握,不能直接了解到管理工作的落实情况和落实效果,将师生置于管理末位,甚至直接持忽略态度。

### 4.教师创新能力的缺失

在实施教学活动时,很多教师沿用传统的讲授法,自始至终采用同样的方法来授课,仅注重教学任务的完成,而不重视学生的学习态度、学习方法。很多教师只是纯粹想完成课堂任务,因此在教学上缺乏创新,无法将学生的积极性充分调动起来,久而久之,学生只会被动接受信息,而不会对信息加以反思和质疑;与之相对应,学生的被动态度也不会促使教师对课堂加以创新。

### 5.师生心理沟通的缺失

高职院校的教师和学生大多数仅在课堂上有所接触,并且课堂上的交流也仅限于教师讲、学生听,双方的心理距离是较远的,彼此内心的沟通渠道并未完全敞开,所以师生之间存在着沟通缺失的问题。教师缺乏和学生交流的意愿,学生也不愿过多地和教师接触,彼此产生了一定的躲避和抵触情绪。

### 6.人文素质培养的缺失

因为高职教育有着突出的职业性特点,所以校方很多领导者和教师片面地认为只需要培养学生的就业技能、促使他们毕业后顺利走上工作岗位即可,甚至错误地直接将就业技能和工作能力等同起来。在此种理念的指导下,部分高职院校在课程设置时更偏重于专业技巧、职业技能的传授,从而对学生人文素养的提升有所忽略,甚至直接压缩人文课程的课时,让学生的综合素养得不到整体的提升。

### 7.学生综合素质降低

高职院校学生普遍存在着能力弱、知识水平低等问题。很多高职院校学生未养成良好的学习习惯,学习基础也较为薄弱,因此在进行课程学习时显得信息不足,甚至对学习过程有所抵触,对自己未来的发展不抱希望。另外,很多在校生不具备较强的自我认知能力,对自身的优势和不足没有形成清晰的认识,这也在一定程度上阻碍了其知识水平的提升。

### 8.心理健康问题多

受社会舆论的影响,很多学生对高职院校的认同程度并不高,甚至会认为自己比普通院校的学生层次低。受这种情绪影响,很多学生的心理状态会变差,开始变得自卑、容易放弃、自我要求较低。加之就业压力的冲击,很多学生开始出现意志薄弱、自暴自弃等问题,严重的甚至会出现心理疾病。

### 9.道德修养提升少

因为高职院校的部分学生有着较高的目标追求,这些目标是短期内无法达成的,在现实情况的影响下,部分学生出现目标模糊、意识淡漠、信念动摇等问题,无法理性地对社会现象做出认识和判断。在价值观方面,学生更注重功利和实用,而不注重自身修养的提升。

## (三)高等职业院校要注重人本化关怀

### 1.确立人本化管理理念

真正将学生置于根本地位,对学生予以尊重和理解,借助适当的方法来提升对学习活动的热情和积极性。首先,高职院校要树立全新的管理理念,真正实施人本化管理,搭建起学生管理体系,联合多个部门的力量,共同做好学生管理工作。让相关管理部门和教师都参与到学生管理工作中来,增强他们的人文关怀意识,让学生管理工作变得更加规范、更具人情味,让学生管理工作有完善的规章制度可以参考,令学生的个性发展得到较为全面的满足。

### 2.构建和谐人际关系

和谐的人际关系能够拉近师生距离,增进师生交流,让学生以更加积极的态度对待学习活动,同时能够让学生更加认同和支持学生管理工作,令师生的人格、尊严等都得到充分的尊重。建设和谐的人际关系,不可损害学生利益,要争取令学生的根本需要得到满足,在尊重学生主体地位的同时,理解和关怀学生,多组织文化活动,为学生营造良好的成长环境和人际关系氛围,让他们在平等的参与机会中扩展自己的交际圈。

### (四)高等职业院校教师要增强责任意识

#### 1.注重学生创新能力培养

确立以学生创新能力和实践应用能力的养成为重点,与职业技术教育相适应的全面发展的素质教育观。从教学内容的角度来说,要时刻关注科技前沿信息及市场需求动态,将现代化教育内容补充在教材中;从教学过程的角度来说,要注重对学生分析能力、求知能力、理解能力、综合能力等的提升,培养学生思维的创造性,让他们具备更加敏锐的思维等。另外,引导和倡导学生参加各种技能相关的比赛、社团活动和培训等,让他们在平台和实践之中不断提升创新能力。

#### 2.增强与学生情感交流和沟通

高职院校的在校学生大部分处于青春期,他们的冲动心理、逆反心理还是十分突出的,与此同时他们的情绪有着较大的起伏,并且常常会感到失落、自卑等,他们往往十分在意教师评价,若是教师给予严重的负面评价或者是将歧视性语言掺杂在评价之中,那么师生之间就可能会出现冲突。所以在师生交往过程中,教师要讲究一定的技巧和方法,要在保持自身良好情绪的同时给予学生一定的引导和劝解,争取将学生的心态调整至积极状态,切实让学生体会到自己的关怀和爱护。

## 二、管理过程客观对待

无论何种阶段的在校生,都无一例外地要接受高职院校的学生管理。在实施管理工作时,在校生也在不断成长着,其心理状态也始终在动态变化着,尤其是这些学生的心理极为敏感,并且经常出现自闭、掩饰等倾向,因此学生的管理和教育工作也出现反复变动现象,而很多管理者和教育部门则无法清晰地把握学生的心理状态。在此种情况下,管理者和教师要始终用客观、冷静的态度对待管理工作,并且尽量依照客观的教育规律来落实相关的管理工作。

### (一)管理过程是一个完整的、客观化的管理过程

管理过程通常具有一定的完整性,并且它是对管理活动规律的部分呈现,管理过程和诸多因素密切相关,例如管理主体、管理手段、管理目标、管理对象、管理内容等。其中,管理目标指的是借助管理活动达成何种效果或者目的,管理工作往往将其作为重要的出发点,但是它却常被人们忽略。管理对象也就是接受管理的客体,具体要清楚这些对象的特征及各阶段的表

现。管理手段指的是管理过程中所采用的具体的途径、措施与方法等。

管理学反映了管理过程的客观规律性,管理目标、管理主体、管理内容、管理手段等过程的反映实际是一个客观的过程反映。由于管理过程的客观性,在确立管理目标时必须以工作任务的完成来实施管理,而不是以管理者个人的想法和愿望来实施管理,管理主体自身的客观性使得实施管理时要客观看待管理过程,管理内容的选定、管理手段的运用都必须以客观的态度来完成。

### (二)从现实出发,客观看待教育观念

当前我国实行市场经济体制,各方面建设已经取得了较为突出的成绩,社会对高职院校学生的需求也有所改变,现在社会需要技术技能和职业道德素养兼备的综合素质人才。对人才培养需求转变加以客观看待,能够令教育实现从应试教育到素质教育的转型,让教育观念也能够与时代发展保持同步性。

#### 1. 培养学生自我教育的能力

从年龄和能力来看,高职院校学生身体发育趋于成熟,其知识水平、思维能力也有了较大提升,并且具备了基本的自我管理、自我教育能力,而高职院校管理部门此时的重要任务就是打造优良的校园环境,让环境建设和学生发展要求相适应,从而实现对人的优质培养。学校要引导学生实施自我教育,让学生养成更强的自我管理能力,令学生的主观能动性得到良好的激发,促使学校管理工作高质量落实。

#### 2. 积极支持学生社团工作

学生社团指的是学生从自身爱好和兴趣出发自发地组成某种校园组织,打造优良的社团文化,让校园文化变得更加丰富多元,在学生成长方面发挥积极提升作用。另外,学校可借助社团影响力来培养学生的竞争精神,让他们自觉地参与到管理工作中来,提升自我管理、自我服务、自我教育的能力,让学生拥有更加鲜明的主体意识。

#### 3. 全面提高管理者的自身素质

在发挥学生主体性作用方面,高职院校的学生管理者发挥着极为关键的促进作用。只有学生管理者自身具备较高的素质,才能够切实落实好学生管理工作,进一步提升工作的质量和效率。首先,管理者要形成更好的政治思想素养,在平时多学习政治理论,切实依照党的方针政策来实施各项行动,还要用负责任的态度对待工作,切实将工作的育人作用发挥出来。其次,管理者要丰富自身的知识储备。学生管理者的管理对象是思维活跃、知

识丰富、技能较强的高职院校学生,这就要求管理者在掌握必备的管理知识、专业知识之外,还要具有广阔的文化视野,掌握多个领域的知识,不断丰富自身的知识体系。唯有如此,其管理水平才不会被自己的文化水平所限制,才能够具有更加鲜明的人格魅力。再次,管理者要不断锻造自身的身心素质。要想做好学生工作,必然要拥有健康的身心。通常,情绪积极、思维活跃、意志坚定的管理者更能够落实好学生管理工作,管理者要做好情绪管理,切忌将自己的负面情绪转移到学生身上。另外,从时间的角度来说,学生管理工作需要管理者早出晚归,并且占用较多的课外时间,所以,只有管理者自身身体强健、精神充沛,才能够胜任管理工作。最后,管理者要经常对自身的业务素质进行打磨。具体来说就是在掌握更多相关知识的基础上养成独立思考能力、敏锐观察能力,唯有如此,才能够让管理工作更具针对性,才能够在全面了解学生的基础上顺利落实管理工作。

## 三、管理手段规范合理

高等职业教育学生管理是全员参与的管理过程,虽然管理的对象是具有自我意识的高等职业院校的学生,但管理过程仍然有其规律可循,遵照规律管理,根据高等职业院校的学生特点以及国家对高等职业教育的法律法规制定符合高等职业教育需要的规范管理办法和措施。在实际管理过程中,根据高等职业院校管理的特性,采用不同的规范化管理手段,以顺应国家经济发展对高等职业教育的要求。

### (一)管理手段是保证管理方法发挥作用的工具

管理手段有不同的分类,如有形手段(计划、津贴、规章)与无形手段(教育、激励、人际关系),传统手段(文件、标牌、灯光、广播)与现代化手段(记录卡、程控机、电脑网络)等。通常在同一管理模式下可以使用多种手段,并且同一手段可以为不同的方法服务。应当明确的是,当今社会对高科技信息手段的运用已经十分广泛,它们在高职院校学生管理工作中的作用也十分突出,受到了管理者们的广泛重视。优秀的管理者往往能够做到针对不同的情况、不同的学生采取最佳的管理方式。

### (二)高等职业院校规范化管理本身就是一种教育手段

教育过程其实也是启发、疏导、约束和灌输的过程,可以将其视为情、理、法的融合与实践。高职院校落实规范化管理的前提是坚持民主,规范化管理具体指的是将社会价值、社会道德、是非标准作为重要依据来对学生行为进行约束和教育,令学生养成良好的思想和行为习惯,将外在的规则内化于心,并自觉依照规则来落实行动,从更广阔的视角来看这种规范化管理有利于在一定程度上改善社会风气。学生依照学校的规章制度来落实行动,既能够被视作教育过程,也能够被视作教育结果。若是管理工作不深入、不细致,就无法顺利实现规范化管理,即便在某方面对规范管理加以体现,也无法持续较长的时间。高等职业院校的规范化管理可以被视为学校法制的重要根基,它能够避免学校随意地根据个人的主观意愿对制度进行更改,从而令学校的发展具有更加稳定、更加持续的特点。

### (三)高等职业教育学生管理手段的规范化

高职教育学生管理制度应当更具规范性。若是学校没有规章制度可依,那么管理就会陷入混乱状态。从本质上来说,规范化管理就是以制度和规律为依据来实施各项行动的。在学生管理规范化工作中,要将体系化的管理制度制定出来,并且在实践过程中不断对制度加以优化和完善。

规范高等职业教育学生管理的程序。高职学生管理具有分工与分权的特点。分工越精细,分权程度越高,对其组织控制就需要更严格、更科学的工作程序。要进一步严格规范工作程序,确保高职学生管理工作中的每一个环节、每一个岗位、每一个人少出问题、不出问题。要有很强的操作程序,程序要完整,要严格规范,让每个岗位、每个环节的学员、管理人员了解工作流程,知道前后环节是什么,他们应该如何运行转岗,从而保证整个高职教育学生管理工作的有序运行。

规范职业院校岗位职责。高职教育学生管理职责为学生管理工作创造岗位,按比例进行数量、标准、管理目标进行考核,让大家自己了解自己的工作应该达到什么标准,最后通过检查是否符合标准,制定并实施工作目标,形成了统一、有效的激励约束机制。

## 四、管理水平可持续发展

### (一)学生管理水平的可持续性发展

将"可持续发展"的概念引入高职学生管理过程中,高职学生管理水平的可持续发展可以理解为:高职学生管理水平不是一成不变的。从高等职业教育的发展历程可以看出,随着我国经济、政治、社会的发展,高等职业教育学生管理水平不断提高和完善。不断提高管理水平是高等职业教育自身的需要,也是学生管理工作不断发展的需要。高职学生的持续管理是实现管理活动的一种永无止境的追求。

## (二)学生管理水平的可持续性过程

### 1.预先判断

通过对高等职业教育学生管理各要素的全过程监控,定期对监控状况组织分析,使高等职业教育学生管理各要素时刻处于受控状态,出现异常情况能够及时察觉,预见其发展趋势。

### 2.及时处理

连续管理通过学生管理部不间断整合外部反馈的信息对高职教育学生管理进行管理,不间断地对学校、学院、班级等不同工作范围进行检查,能够及时向班级传达相关要求,协助班级实施。还能及时发现班级管理在操作、纪律执行、制度执行、标准上的优势和问题,使问题处理得更及时,经验总结得更准确。此外,由于班级学生管理的专业诊断时间跨度缩小,避免了平时检查较少,但发现问题较多的现象。

### 3.不断改进

可持续管理要求学生管理部门人员将学生外部反馈的高职教育管理信息与高职教育学生管理工作的实际情况相结合,不断发现高职学生管理工作中存在的问题,及时解决这些问题,并制定相应的措施,防止类似问题的再次出现。

这就是高职教育学生管理工作的不断完善、改进和加强。为了使高等职业教育学生管理改进的目标更加科学,采用数理统计的方法,定期对检查记录进行分析,根据问题发生的频率、性质和范围,确定近期管理中需要改进的内容和目标,以实现全面提高管理水平的目标。

### 4.全员参与

在高职教育中,学生管理工作具有全方位、全过程的特征,因此管理人员要主动参与其中,切实养成优良的工作作风及工作习惯。在全员参与的状态下,落实持续性管理指的是管理部门始终落实好督促和检查工作,培养学生积极参与教育的态度,纠正学生在学习活动中的不良习惯。持续的、专业的检查工作和突击性工作相比有着更加明显的作用,它能够真正从根本上改变和塑造学生的思想和行为,令管理水平得到大幅度的提升。

### 5.闭环管理

闭环管理的含义在于对现存问题逐次展开详细、深入的调查和解决,让管理行为变得更加有效。所以,在落实持续性管理工作的时候,一旦发现问题,就要积极进行闭环管理,并定期对班级管理方面问题的闭环率加以统计和汇总,让工作的改进更具针对性。

# 第三章  建设高等职业教育实训基地

## 第一节  建设高等职业教育实训基地的要求及特点

人才在现代社会中是生产力与科技发展的重要推动力,而高等院校正是人才的培养基地。高等教育主要包含普通高等教育和高等职业教育。高等职业教育与普通高等教育有很大区别,这主要体现在两者建设原动力的不同,普通高等教育以学科建设促进自身的发展,而高等职业教育则以专业教育为重。

### 一、高等职业教育的属性

高等职业教育目标在于培养一线产业链的高等技术应用型专门人才,它倚重职业能力的培养。高等职业教育兼具职业技术技能和高等教育两个属性。随着全球经济的一体化发展,高等职业院校的教学质量评价标准主要看其能否培养出适应自身岗位且能够在工作中不断提升自我能力和素质的专业技术人员。

在我国职业教育系统的规模上,高等职业教育处于重中之重,它的教育特点便在于其具有很强的职业性。高等职业教育实现了校企合作,大量的企业实训使学生们的专业技术得到了磨炼,这点使其培养的技术型人才在就业中处于优势地位。

高等职业教育的核心便是就业。就业受市场动态变化的影响很大,因此紧密地关注市场变化和市场需求就成为了高等职业教育的中心工作。人是社会中的人,人才的培养和教育终归是要落在社会和就业当中的,一个人能否适应他所从事的工作和社会经济发展所带来的行业变化是他是否具备专业技术素养的关键考验标准。因此高等职业教育需要用人单位参与进人才的培养过程当中,在市场经济和就业市场发生变化的时候,高等职业教育要及时根据所合作的用人单位情况与市场变化调整自己的专业设置与课程分布结构,同时也要学会调整课程内容,紧跟行业步伐。在这一点上,高等职业院校需要与用人单位建立密切的合作伙伴关系,院校为用人单位提供技术上的改良支持,为用人单位的职工们开设讲座、答疑解惑,促进用人单位的良好发展;用人单位也要承担起培训高等职业院校学生的责任,提供培训场地和相关设备器材,严格考核学生们的实训情况并向院校反馈相关情况。在法律支持和利益链建立的层面上完成产学研的交互。

无论在理论层面还是实践层面,用人单位参与进高等职业院校的专业设置和专业技术人才培养过程都是至关重要的。"闭门造车"只会使院校培养出来的学生脱离社会的需求,逐渐失去其作为高等职业院校学生在就业市场上的优势。高等职业院校的学生不能简单依靠学习书本内容提升自身专业技术,对于实践性较强的专业,我们更应该让学生参与进企业、工厂的实质性操作中去,在这种实践中磨砺自己的意志品质与专业技能,更好地了解当下的市场行情,为将来就业、创业做好充足的心理准备。校企合作作为人才培养过程中的重要环节,需要我国加深相关探索、完善相关制度。目前我国高等职业教育已经实行了"2+1""2.5+0.5"或"3+2"等模式,这使得高等职业院校的学生能够在实训的基地、企业、工厂中得到良好的实践与锻炼。

## 二、新时代下对高技能型人才基本素养的要求

我国加入世贸组织后,跟随着世界经济一体化进程,逐步成为了世界制造业大国,然而各行各业的技术革命正如火如荼地进行着,国家现在更多地需要的是高素质的技术应用型人才,他们不仅要能完成相应的工作,也要能适应时代的发展要求,不断提高和发展自身能力。要弄清高等职业院校培养出的高技能型人才应具备哪些基本素养这个问题,应从以下几方面入手。

### (一)较高的技能素养与职业道德水平

要成为一名合格的高技能型人才,首先要在接受高等职业教育期间养成良好的职业技能和职业道德,然而光靠课堂上教师的讲解很难让学生养成良好的职业素养,好的职业素养只有在严格的实践训练中才能形成。这种素养从本质上来说就是认真对待工作、不断提高自身能力来提高工作效率。高等职业院校的学生在实训时,教师要学会引导他们摒弃传统的职业分高低的观念,重视每一份工作,把每一份手头的工作完成好。

古往今来,中华民族一直在创新进步中砥砺前行,但是却始终缺乏对匠人精神的敬重。"学而优则仕""万般皆下品,唯有读书高"的观念始终刻印在中国人的意识之中,难以抹除。这种旧思想、旧观念束缚着我国手

工业的发展,在当今时代更是严重阻碍了我国制造业向着更高、更快、更强的目标发展,导致就业市场出现技术岗位无人问津,考公考编人满为患的现象。

其实高技能应用型人才不单单在于其具备的良好技能素养,更在于其良好的职业道德素养,这对于技术性工作来说是一个软优势,高技能应用型人才正是由于具备了这种难能可贵的品质,才能在工作之中不畏困难、砥砺前行。因此,我们在建设高等职业院校时,更应该注重实训基地的建设,把学生在实训基地中的培训和实践作为一个重要的考核项目,不仅要考核其工作效率和生产出的产品质量,更重要的是要考核其工作学习的态度是否端正,能否把书本知识应用于工作实践当中并及时纠正自己的错误。一个好的高等职业教育实训基地不单单是场地、师资、设备齐全,也需要具备一个良好合理的制度来规范师生之间的言行举止、实践互动。学生严格按照这种制度工作和学习,久而久之便会形成对工作认真负责的态度和用心专注的匠心。

### (二)兼具知识和技能

高技能应用型人才需要具备综合思考的能力,这种能力关系着处理工作中各种复杂问题的速度和结果。工作的复杂性决定了高等职业教育院校的学生不能单纯地依靠书本知识和实验室的一些简单结论提升自我能力,而应更多地在实践中出真知、磨意志。

综合专业课程广泛地出现在高等职业教育中。综合专业课程主要是指将围绕在一个专业的其他相关专业的知识按照知识相关度大小及实际应用价值大小的顺序整理起来形成个性化的教材。学生通过对这些综合性课程的学习,摆脱掉以往单一的学习内容,接受知识广度更大、应用性更强的综合性专业知识。而对于这种综合性专业课程的学习,则需要花费更多的时间和精力去打造相关师资和设备更加完备的实践基地,去磨砺学生的综合专业技能,综合专业技能分为三部分,一是基本技能、二是专业技能、三是拓展技能。这三种技能对于高等职业学校的学生来说至关重要。

基本技能可以理解为从业人员的动手实操能力,也是三个能力中最基础的能力。例如金属热处理工程所需要具备的焊接、冶炼等技能。同时不能拘泥于专业和技术的限制,鼓励学生多多尝试、多多掌握技能,为将来的工作和创新打好坚实的基础。不同专业间的学生也可以多多交流,互相学习技术。

专业技能是指从业人员对于本专业的相关专业知识的掌握与应用,这里需要强调的是,专业知识会随着时代发展和科技进步而不断更新,这就要求学生和相关行业的工作者们不断学习新技术、不断拓宽自己已有的知识空间,以便能更好地适应时代的发展,随着社会技术的更新换代而不断提升自己的能力、完善自身的素质。

拓展技能指的是与专业相关的其他专业的知识与技能。例如食品工程也需要学生适当地掌握一些分子材料和产品设计方面的知识。学生在学习过相关的书本知识后,就可以由教师带领去实训基地或工厂之中进行相关拓展技能的训练。

### (三)创新能力与实际工作的应变能力

高等职业教育与普通高等教育有所不同,它更加注重面向就业市场和经济动态,具有很强的应用性和实操性。高等职业教育更加注重培养学生的"一技之长",注重在实际的操作训练中培养学生的随机应变和创造改良的能力。实际工作往往与书本或课堂知识有所不同,它的随机性很强,问题常常在不经意之间出现,且具有极大的不确定性,这就需要工作人员具备强大的心理素质与应变能力,能够及时准确地解决问题,并能够改良创新,使生产效率和产品质量有更大的飞跃。实训基地正是肩负了这样的职能,它在潜移默化之中培养了学生的应变能力与创新意识。在实训之中,我们应注意从适应性训练、创新型训练、竞争性训练来培养学生的创新能力与应变能力。

#### 1. 适时调整能力训练

学生要学会跟随社会发展和市场经济的变化调整好自己的状态,不断提升个人的能力和基本的职业素养来跟上时代的步伐、科技进步的速度,不落伍、永远迎头跟进,不断使自身符合产业和社会的要求,在就业市场之中立于不败之地。适应性训练主要指的是针对高等职业院校学生的依据市场动态变化和社会对该行业人才的相关要求所做出的专门的训练,使学生能够在进入行业工作后更好地适应相关的变化发展。

#### 2. 创造改良意识训练

创新性训练是一项至关重要的训练,对于学生来说,如今的社会需要的不仅仅是知识型的人才,更需要创新型的人才。尤其对于生产、管理、服务的一线产业来说,雇佣的工人不能只会"照本宣科",更需要在工作中学会改变和创新。高校可以在实训过程之中让学生们思考如何让产品生产效率提高或怎样改进管理制度这样的个性化、开放式的问题,让学生学会思考,进行一些创造性的改良,养成创新意识。

我们通过观察可以发现,一些工科和理科的学生往往比较严谨刻板,他们追求知识的严谨科学,但同时往往会照本宣科,做事一板一眼,没有灵活应变的机敏性;而艺术类专业和文学类专业的学生往往会天马行空地创想一些现阶段所不具有的事物,但做事难免缺少一丝不苟的态度。高等职业院校的学生若能将两者的长处结合,并有效规避双方的弱点,必将在未来乘风破浪。

在中国经济飞速发展的今天,若是能将高等职业教育的实践性和创新性作为教育发展的重中之重,必能使我国的职业教育更上一层楼,也能真正使高等职业教育与普通高等教育区别开来,将专业的交互和技术的创新做到极致。

以以色列为例,以色列虽然资源贫乏、国土面积小,但是其职业教育却遥遥领先于世界平均水平,究其根本在于其先进的职业教育理念,在以色列,职业教育往往采取跨学科培养的方式,引导学生多接触其他的行业与领域,这样有助于学生日后在工作中的创新。

因此我们的高等职业教育在进行专业综合教育的同时,除常规的基本要求实训外,还应注重高等职业教育学生创新意识的培养。

**3.忧患意识训练**

当今的中国就业市场已经进入到了"白热化"的阶段,对人才素质的要求越来越高。我们要将竞争意识及早地灌输到学生脑海之中,毕竟虽然人类社会已经高度发达,存在一系列保障措施,但是基本的"弱肉强食"生存法则依然没有在本质上发生改变,当前的社会依然有着金字塔分层。因此学生要学会把自己变得更加优秀,这样才能在未来的就业市场中找到心仪的工作。

在高等职业院校对学生的实训方式上,我们更要做到严格以待。不在平时训练中多多打磨,必然会在未来的工作之中措手不及。我们要明白"台上一分钟,台下十年功"的道理,不能对实训工作有所怠慢,这不仅会影响到学校的办学质量,更会影响到将来学生的就业前景和出路。

在以往的实训之中,学生往往更注重自己技术的磨炼。但在当下,我们也应该注重对学生"德"的培养,把"德"放在一个重要的位置,要讲究因材施教,注意方式和方法,培养学生"以巧取胜,不要硬用蛮力"的意识。

## 三、实训基地建设的重要性体现

当今时代是信息时代。知识更新越来越快,科技与生产力之间的转化周期也不断在缩短,新技术的创造与应用之间的时间的缩短也使得从业人员需要尽快地适应新技术、新设备的操作,能够及时地将这些新技术应用于生产当中,这便是当今社会对人才的新要求。世界各国如今都在寻求职业技术教育的新发展,我国也在不断探索高等职业教育的新途径,寻找建设实训基地的最佳方案。

（一）基地是高等职业教育的必备条件

中国高等职业教育的发展一直存在着一个很大的弊端,那便是注重书本知识的学习却忽视了实践能力的培养和锻炼。但是技术性和实践性都很强的职业教育,必然是要以学生的实践和工作能力作为考核和任用标准的。这导致很多刚刚从高等职业教育院校毕业的学生仍然对一线工作不够了解,甚至需要用人单位花费很长的时间对毕业生们进行培训和指导。我国的职业技术教育仍然不够完善,很多高等职业技术学院的前身是一些职业中专或者普通的高等院校,这些学校经验不足,学校的开设时间又短,难免会出现这样那样的问题。而当下的重中之重便是加强对实训基地的建设,把学生的学与练尽快地结合起来,培养出符合时代要求的高技术型人才。

（二）基地是人才培养的摇篮

实训基地的建设中设备是必不可少的。设备不必要是最先进的、最贵的、最新的,但是一定要把握好"度",学生所使用的设备不仅要能代表当前该行业的生产现状,同时也要能与未来设备的发展趋势相符合,不能过于老旧,使得学生所学习的技术与最新的技术产生一定的断代。同时,学校在建设实训基地之时必须争取数量上的平衡,保证学生们都能接触到设备、都能学习相关的技术。

职业教育重在培养技能型人才,技能型人才的成长养成必然需要实训的场地,因此建设与学校规模和学生数量相匹配的实训基地是非常关键的举措。正如师范院校的师范生们都需要在毕业前真正到学校进行实习一样,高技能型人才的培养也需要学校把院校中的学生集中起来到实训基地中去不断打磨他们的专业技能和职业道德,争取让他们把课本知识和实际操作结合起来,及早地进行查缺补漏。实训基地的建设关乎着高等职业教育改革发展的成败,是一个关键枢纽。好的实训基地的建成和使用往往也能够优化高技能型人才的培养。

（三）基地是"双师型"教师队伍出现的催化剂

实训基地非常关键,软性因素如教师队伍的建设也至关重要。好的教师队伍往往能带动学生素质的提高。加强实训基地的建设也有助于学校中的老师更好地开展自己的科研与实践项目,将自己的想法和教育理念更多地投入实践。由此,则更能培养出一批"双师型"教师,这支声势浩大的队伍也必然会将高等职业教育的发展带向更加光明的未来。学院也要因势利导，根据学校自身的情况和学生老师的基本素质制定一个合理的实践计划。同时，也可以聘请一些有经验的老工人来实训基地为学生们进行一些技能培训。这样，老师和学生都能在实训过程中发展自己的素养，学生得到了职业技能和职业道德的提升，老师在管理学生的过程当中也能很好地提高自己的职业素养和对该行业的专业知识的了解程度，更有助于推动自己的科研成果的出现。

## 四、实训基地的综合性建设特点

我国经济的高速发展对我国技术型人才提出了新的要求，实训基地的建设和完善关系着未来技术型科研成果的转化、技术工人的实践和不断提高、后备役职业院校学生的学习和练习。建设实训基地要注重其综合性特征的体现，主要有以下几个方面。

### (一)由书本向实践转化

知识是实践的基础，实践是知识的巩固和检验。知识的学习总要有一个输出的过程，这个输出的过程便是实践的过程。知识要向能力进行转化总离不开实践这个关键因素，而实训基地的建设无疑为这个实践过程提供了很好的场所。实训基地便是检验自身知识掌握程度和能力是否达标的重要基地。

### (二)模拟真实工作环境

实训基地模拟实际的工厂或工作单位进行建设，学生在进行实操的过程当中可以设身处地地感受到未来工作环境的大致情况，能够更快地适应这些细节和流程。同时，学生在进行实际操作的过程当中，可以更好地熟悉各个机械的操作和如何与其他人进行配合，如何避免出现差错等。

### (三)技能和职业道德的双向培养

职业道德一直是考验一个技术工作者的重要层面，职业道德包含了很多方面，不仅有爱岗敬业、诚实守信，还有团结互助、友善平等等重要方面。在实训基地的实训过程当中，学生们面对每天的工作可以潜移默化地养成一些好的职业道德素养，同时也能在与同伴们互帮互助的过程当中，养成很好的团结协作精神与不畏艰苦的精神，同时还能锻炼个人的表达能力与组织能力，有利于个人综合素质的提升。

### (四)及时地接触最新科技

学校要及时更新实训基地现有的设备，起码要保证学生们所操作的设备不落伍。现如今科技发展日新月异,学生对于设备的需求也在不断提高,好的设备能够让学生了解当下行业发展的现状,明确未来发展的方向。能够更加及时地调整现有的学习和实训计划。

**(五)眼界与知识面的拓展**

实质性的操作环境能够让学生了解到当前行业的发展现状及未来的发展方向,同时在实训基地当中,学生通过观摩学习也可以掌握一些其他的专业知识,这些专业知识往往是书本中没有涉及的,可以很好地开拓学生的见识,完善一些知识面上的欠缺。

**(六)创业创新意识的建立**

在实训基地的操作中,老师可以多鼓励学生进行创造性的改造,通过在操作中发现问题、解决问题这个过程,培养他们的创新意识和创造能力。学生们参与到产品的设计、制作、发布当中,也能收获到一份属于自己的快乐和满足感,这种情绪的带动也能让整个学生群体的创新意识得到增强,在氛围的带动下,每个学生的实践能力和创造意识也得到了不同程度的发展和提高。

# 第二节　建设高等职业教育实训基地的功能及方式

## 一、实训基地的建设原则及功能

### (一)实训基地建设应遵循的原则

高等职业教育实训基地的建设应遵从以下七个原则。

#### 1.模拟性原则

高等职业教育院校在建设实训基地的时候应注意模拟性原则,实训基地是职业院校学生们实践学习的重要场所,实训基地的建设质量与未来学生的就业与职业发展息息相关,因此院校要重视实训基地建设的模拟性,要让实训基地具有与真实的工作场地相近或相似的工作环境,设备也要尽量向现实工厂等工作场所靠拢。学生需要通过实训场地的环境熟悉未来工作的流程和细节,尽量让自己的素质在实训中不断提升,让自身的能力不断向行业标准靠拢。实训基地建设之时,从设备的质量和数量上都要做好检查,要保证学生们可以在场地中得到反复的锻炼和模拟,熟悉操作技术和相关技巧方法等。对于学生难以反复操作的项目,比如发电设备的操作,可以适当配备影音视频对学生进行讲授,或者采取模拟器的形式让学生在操作中熟悉相关的原理和操作方法。

### 2.前瞻性原则

实训基地在建设过程之中一定要具有前瞻性,不仅是师资力量的配备要具有一定的科学性,还要尽量挑选符合行业未来发展方向的设备。这些设备在技术上最起码要与当下的行业水准相契合,不能过于老旧和落后,不然实训基地就起不到相应的作用,会对未来学生的就业和职业发展前景产生不良的影响。让实训基地的设备更加先进充足,需要巨大的投资,这不仅需要政府和有关教育部门加以重视,也需要高等职业院校与相关的企业建立密切的合作关系,院校为企业提供智力和技术上的支持,为企业输送源源不断的高质量劳动力,同时也需要企业提供一些符合行业先进标准的设备和器械供学生们学习使用,这种良性促进能够为实训基地建设和高等职业教育的发展提供动力,更重要的是能够促进生产力的稳步提高。因此,有关院校的校长和企业领导一定要具有好的眼光和广阔视野,实训基地的前瞻性是有益于二者发展的关键性因素。不能让实训基地的建设成为面子工程,这样学生不仅学不到先进的知识和技术,对未来所从事的职业不甚了解,还会使未来行业发展缺少相关人才,不利于整个制造业的良性发展。

### 3.交互性原则

实训基地的建设一定遵循交互性原则。有关院校在建设实训基地之时要考虑到多方面的应用问题,这些实训基地,尤其是校外的实训基地,往往由校企联合而办,既可作为学校培养本校学生的基地,也可以作为一个培训考核基地对外开放使用,供一些社会上的工人和相关行业的从业者进行演练和培训,也可以作为相关职业技术资格证的考试训练基地投入使用,所谓"物尽其用",便是这个道理。学校实训基地与校外企业和员工的交互可以为学生打开新的视野。这些工厂技术工人的模拟演练也让学校更加明确未来的培训方向,社会与学校的交互合作可以让学校了解当下经济动态、行业未来,让学校及时地调整培养方案,也能让社会相关行业了解最新的科学技术,提高生产效率和生产技艺,实现院校、企业、社会的良性循环、互相促进。

### 4.对口性原则

高等职业院校建设的实训基地不仅是简单的教学场地,一定程度上也为学生未来的工作搭建了了解熟悉的桥梁,所以相关的设施和项目一定要齐全。

实训基地的设备要符合对口性原则。这个对口性原则主要包含专业对口和地区对口两方面。实训基地的设备不一定非要追求高、精、尖,但一定要符合行业的发展前景,具备一定的科学技术含量,能够让教师讲解和学生学习操作之时能够有据可依、有物可依。这就要求院校在采办设备的时候要兼顾院校的各个专业和年级,考虑到每个年级所需要的不同实训项目,每个专业所需要的不同种类的设备,尽可能地做到实训基地对口校内专业和各个年级学生。学生在实训基地实训的过程当中,也要配备好相关的师资甚至是熟练的技术工人,及时地对学生操作中产生的问题和疑惑进行解答。同时,高等职业院校在建设实训基地之时要考虑到当地的行业情况和学校的相关情况,因地制宜地建设实训基地,在规模和设备上都要尽全力做到与实际情况相匹配。

### 5.校企合作原则

校企合作作为实训基地的主要建设形式,是培养高技术型人才最有效的方法,它能真正意义上实现学生与社会的有效对接。校企合作一方面是对学生未来就业的较好保证,它能够有效地提高学生的相关职业素质,能够让学生在实训的过程之中循序渐进地提高自己的操作熟练度与技术水平;另一方面,企业在面向学校学生进行培训的时候,也能及时地掌握当下行业技术的发展状况与技术水平,及时地调整自己的生产制度,改良生产技术、配备新的生产设备。

### 6.合理性原则

高等职业院校在实训基地的建设方面一定要遵循合理性原则。无论是在办学理念还是教学、实训的计划与制度方面都要严格按照教育学的规律和相关原则执行,同时实训基地也要与学生素质、当地行业状况、行业未来发展方向、学校各专业各年级的相关规模相匹配,不能想当然地进行建设,更不能片面地图大图强,不追求质量和效益。合理性是实训基地建设需要注意的一个最重要的点,因为脱离实际谈发展只会变成空谈,一切都要从实际情况出发。

### 7.学校社会效益统一原则

众多的高等职业院校需要将自身的教学效益和外界的社会效益与市场经济的效益连接起来,形成一个良性互动的闭环,让学校自身的教学效益、人才发展产生的经济效益转变为社会发展的效益,带动全社会对相关产业进行投入和关注,同时人才的培养也为学校自身的教学效益得到发展。

## (二)实训基地的功能体现

### 1.树人立人功能

树人立人功能主要包含两个方面:一是对师资的培养;二是对学生的培养,二者同样重要,相辅相成。师资的建设要朝着"双师型"教师方向发展进步,建立一支符合时代、符合学生需求、符合教师需求的师资队伍。通过师资队伍的发展壮大来催生更多的高技能型人才的出现。而另一方面,我们也需要通过实训基地的建设来促进学生技术操作能力和管理能力的持续提高,实训基地作为一个学校和社会各行各业的联结点,对学生的技能提高起着举足轻重的作用,学生在实训基地中巩固了原本在书本学习阶段一知半解的内容,并能够及时发现自己不会或遗漏的内容,查缺补漏。因此,实训基地起着树人立人的功能,在教育培训层面上来说,它是学生和老师的第二所学校。

### 2.技术与资源交互功能

技术与资源一直是高校建设需要具备的重要层面的内容,这一点对于高等职业院校的建设尤为重要,高等职业院校作为连接学生、行业、社会的重要场所,一直以来都把技术、资源两者看得相当重要。在新时代的背景下,高等职业院校可以把院校之间和院校与社会产业之间以及院校与政府部门之间的资源、技术加以整合归纳,使之分配和共享更加合理。首先是院校间技术资源共享,各大高等职业技术院校不仅要在学生的教育培训上做好互助,也要在教学资源和相关技术上做好共享,这样有助于整个高等职业技术的教育行业快速进步,实现整体水平的提升。同时,院校也要学会与社会相关产业做好联系,不仅要在资源上取得行业的帮助,也要及时地为社会相关行业展示科技进步的最新成果,实现良性互动。最后,高等职业院校也要争取政府部门的资源技术上的支持,最大限度地改善当前的高等职业院校资源技术匮乏的现状。

各行业员工们的整体素质往往关系着整个行业发展的现状与未来行业发展的前景。高等职业院校不仅要加强本校学生的教育培养,也要时刻关注社会各行业的动态,抓住行业的动态变化,可以开展行业中在职员工的职业培训,定期聘请行业中的熟练技工为校内学生开展讲座,并为企业提供技术和人力资源上的支持。

### 3.产学研链接功能

产学研链接是当今学术界和相关的各行各业都期待的发展前景,产学研链接在很大程度上减少了科研、生产、学习三个方面的最短时间间距,能够使三者的效率得到最大的提升。在高等职业教育领域,产学研三者的连接则显得至关重要,高等院校的教师学生可以联系工作在一线的熟练技术工人进行研制上的突破、更多了解行业一线的改革方向和现下存在的困难,而在这一过程当中科研成果也能更贴合市场的需要,能够在研制出来的短时间内投入使用,同时学生在课堂上也能接触到最新的研究成果,能够了解行业未来前景。

### 4.科研功能

科研是产学研中最中心的一环,也是非常关键的一环。高等职业院校可以将实训基地作为教师和学生科研的实验基地,允许实训基地之中学生和老师之间进行科研或创造活动,鼓励学生敢于创新、老师勇于创新。一些好的研制成果可以及时投入到相关厂家进行试用和反馈,教师和学生们也可以根据反馈结果对产品进行改良。厂家也可以通过使用新的科研技术来提高生产效率,学生们在这其中也收获了学习的乐趣,丰富了相关的知识经验。

### (三)实训基地在高等职业教育中承担的责任

第一,根据高等职业院校的具体情况和社会行业的从业标准,制定合理的实训方案和计划,并制定相关规章制度。

第二,按照现下该行业实际情况对院校学生进行实训。

第三,按照时代行业从业标准对院校学生所使用的教材进行编写。

第四,实现与社会各行业企业联结,实现产学研互帮互助、相互促进、相互融合、共同发展。

第五,实训基地多功能化发展,对外互动,开展技术资格鉴定项目。

第六,成为"双师型"教师队伍培养的龙头,对教师开展实践教学培训与辅导。

第七,根据市场经济变化和产业结构调整,及时地调整学生实训的内容与项目,及时地与社会进行接轨。

## 二、实训基地建设的主要方式与建设结构

高等职业技术院校的学生可以通过实训达到技术的熟练,高等职业院校需要具备的实践性便是实训基地开设的一大重要原因。因此,重视高等职业教育的发展前景,只希望通过改革发展当今的职业教育,就必须重视实训基地的建设与扩大、改良。虽然我国目前的职业教育已经形成了相当的规模,但是办学质量依然亟待提高,同时面临着多方面的困境。高等职业院校若想投入较少精力和资金取得较大的成功,那么与政府有关部门和社会各行各业的龙头企业达成合作关系无疑是最便捷的方法。产业企业可以通过与学校的合作,获取人才资源,同时也能收获技术支持,学校也能得到建设实训基地的资金的投入。实训基地的创办有以下几种方式。

### (一)校内实训基地

校内实训基地是指建设在高等职业院校内部,配合课堂教学使用的,供

学生们操作演练的教学基地。它很好地弥补了课堂教学的单一性和枯燥乏味的书本知识带来的压迫感,能够让学生们进行技术层面的模拟演练,能够让他们熟知技术操作的相关技巧和方法。它有以下四个方面的建设原则。

### 1.工作环境的仿真性

为了让学生的相关职业素质和技术操作熟练度得到很大提升,需要让校内实训基地更加仿真化,能够按照现实中的工作场地进行模仿建设,让学生产生适应性,更加了解工作的相关情况,为将来的就业做好准备。

### 2.高级科学的前瞻性

高等职业院校要具有科技层面的前瞻性,尤其是要对具有发展潜力的产业人才进行培养,不能仅限于对现实中各行各业的发展状况做出判断就急于一时地开办专业,更要熟悉相关政策要求,对未来的产业发展做好调查研究,投入先进的设备对学生进行培养,让学生掌握一手先进的技艺,才能有利于他们的未来就业。

### 3.对外交流的开放性

高等职业院校所创建的实训基地不仅可以承担教学实训任务,也可以投入社会,进行职业资格、职工技能提升等项目的培训。着重对外开放性,不能让校内实训基地成为对内的封闭设施。

### 4.技术设备的通用性

学校要想对实训基地进行大批量的资金投入实际上难度会很大,所以尽量选择一些通用性较强的设备,最大限度地节约资金。

## (二)校际实训基地

在当代中国,有很多的高等职业院校都是由之前的中专改革变化而来的,这些中专虽然有的建设历史悠久、师资力量也比较齐全,但是大部分存在一个致命的问题,那就是设备老旧、实训基地少而小。要想突破这一瓶颈,突破这一落后的状态,就需要各个高等职业技术院校进行联合办学、联合办理实训基地、联合进行教学计划的设置,争取在校际突破一些障碍,实现地区化的发展,减少单个学校建设实训基地的困难。以天津市为例,天津本地很多高等职业教育学校实现了实训基地联合办理,不仅减少了资金的投入,也增加了实训基地的使用率,做到了"物尽其用"。

如果一些高等职业院校的规模太小或办学经验十分欠缺,建议这些院校将实训项目放到其他大型院校的校内实训基地或校外实训基地来进行,这样能够让学校学生的相关技术水平得到很大的提高,未来在就业市场上也能够有一些优势。当然,我们也不能局限于国内的高等职业院校,也可以将视野放宽到世界各地的办学质量较高的职业院校去,去那里进行观摩实习,则更能学到一些先进的技术和知识。

### (三)校企合作实训基地

校企合作是指高等职业院校与政府有关部门、社会上各行各业的一些企业或者一些社会团体进行联合进行创办的实训基地,它的对外性很强,合作性也很强,它能够通过多方位的合作、共享资源等实现高效率的教育教学。这样的办学模式使各方受益,能够促进高等职业教育的快速成长和发展壮大,是一件互利共赢的事情。

校企合作的实训基地能够很大程度上弥补高等职业院校建设校外实训基地的不足,比如资金短缺、设备不够充足、不够贴合实际操作环境等问题。校企合作实际上是一种双赢的选择,学校在这个过程中减轻了自身在实训基地建设资金和建设人力的压力,同时也能够让同学们得到很好的实训环境和实训条件,拓宽学生们的眼界,提高他们的技术水平,能让他们更加真实地接触到未来的工作环境,提前做好心理准备;企业方也能在此过程中培养出未来的高质量员工,能够提高企业的资源利用率,更好地发挥自己的效益。企业和学校在这个交往的过程当中可以加深对行业的认知,甚至在实训基地的使用过程当中可以把它作为一个职业培训基地,在这个基地当中相关机构可以对学生们进行考核和检验,学生们也能够取得相应的职业资格证。

### (四)政府公共实训基地

在我国的一些大型城市,相关的高等职业技术院校往往会分布得比较密集,因此让每个高校都建立自己的实训基地显得非常不现实,因为这样往往增加了学校的负担,同时也造成了社会资源的浪费。在大型城市之中,比如上海、广州、北京等地,政府相关部门可以集中相应的社会资源,整合一些技术和人才资源,大力建设公共性较强的实训基地供社会中各个团体组织和职业技术院校使用,这样能节约很多的社会资源,同时也能更大限度地让各高校和社会团体得到自己需要的资源和培训,以防后续高校投入资金不足导致的设备落后、人才培养受限制。

比如在我国的上海市,就采用了这样的建设方法。上海市人力资源和社会保障局引导开设的天山路实训基地,作为公共免费资源面向社会中的各职业团体和职业技术院校开放使用,实训基地中专业颇多,能够很好地满足院校学生和社会各团体的需求,学生和相关的职业工人们可以在其中进行设备的操作演练和实训等,很好地促进了上海市当地的高等职业教育的发展,也为全国高等职业教育树立了良好的榜样。同时,上海天山路实训基地也开设了很多新兴和冷门的职业培训室,促进了上海新兴职业的发展,也为这些行业的未来发展提供了后备役的人才。

### 三、新时代对高等职业教育建设实训基地的期待

新时代下,我国经济高速发展,职业教育只有迎头赶上这股经济飞速发展的趋势,才能为我国社会源源不断地培养出所需要的高技术型人才,才能真正发挥自己的教学特色,使职业教育获得更大的发展。高等职业教育作为职业教育中的重要一环,需要做好领头示范,更好地立足于如今的时代发展和地区经济现状,使学生在实训基地之中得到较好的技术操作体验和更明显的技术水平提高,让自身素质更加适应未来社会的发展状况。

#### (一)整合性建设

首先,高等职业院校在建设自己的实训基地时,要有一个整合性的前提认识。学校在建设之前就要对当地的相关产业情况和行业发展情况有一个清晰的了解和认知,不仅要关注热门专业,还要关注一些新兴的产业,培养一些紧缺型专业的人才,响应国家的号召,关注国家的政策动向。其次,学校在进行建设之前还要对实训基地的资金规划和建设方案提前做好规划准备,印制成相关的文件并和学校领导、教师、学生会成员进行商讨,制定一个最符合学校情况与当地产业发展状况的方案。文件要包含一些重要的方面,比如说:每年预设投入资金、"双师型教师"培养方案、学生每年的实习次数与实习内容规划、实训基地主要负责人及其联系方式、实训基地需要建设的重点领域等,充分让实训基地的作用得到发挥、相关资源得到充分的利用。

#### (二)公共化利用

学校要争取把实训基地作为公共化资源进行建设,要善于利用实训基地的各项优势因素,包括设备、师资、技术等,对社会上的一些相关职业的员工进行再培训、再教育、新型设备演练等,也可以为相关的科研活动提供便利,鼓励国内外的企业进行参观并提供改良建议,同时可以借此机会进行交流合作,进一步加强合作关系,购进相关的设备并为其提供智力支持,争取国内外企业的关注,让实训基地成为一个行业交流合作的平台。院校要最大限度地实现资源的集约化和公共化,利用实训基地的平台优势,让国家的相关政策在这里得到落实,比如农村劳动力的培训和转移、下岗职工的再教育再就业、紧缺行业人才的培养等。公共化利用的最佳方式就是校企合作,要争取让高等职业教育的实训基地成为产学研一体化的交流平台与突破口。

## （三）特色化办学

特色化办学指的是高等职业院校将当地的经济状况、各行各业的发展情况、院校先前的办学情况、院校师资力量、学生技术水平等因素进行综合考虑，形成一个个性化的方案体系，对即将建设的实训基地进行特色化的开发和办学。其中，院校要做到根据当地经济和行业发展状况合理安排教学和实训活动、及时调整原有的教学计划；要根据院校的师资力量和学生的学习情况合理安排实训次数和实训的重点，保证每个学生都能在实训过程中收获满满、都能够对最先进的行业科技进行接触，同时院校在保证特色的过程当中，也要保证设备数量够用，每个学生都能够操作设备、得到技术水平的整体提高。

## （四）高效率发展

高等职业院校在创办实训基地的时候不仅考虑到办学效益，也要考虑社会经济效益。学院在创建实训基地的时候可以联系当地的一些龙头产业公司，以互惠互利、互利共赢为共同的出发点，争取这些企业的投资，并为企业提供后备役人才和相关的技术管理方面的支持。院校可以利用相关产业的人脉，加大对院校的宣传力度，争取其他地区的投资合作。同时，院校这些企业的合作也能拓宽院校的科研方向，并争取多方位、多渠道的投资。尤其是当这些实训基地面向社会进行开放的时候，也能带来很大的社会效益，促进产业的良性循环。

## （五）科学化管理

高等职业院校在建设实训基地时少不了一个科学合理的制度和规范，只有如此才能使实训基地的功能作用得到最大限度地发挥。实训基地在落成之时需要学校领导召开相关的制度规则制定会议，针对需要注意的事项进行集中的讨论和交流，这样集思广益，制定出的方案才能更加科学。在人员管理、师资分配、设备保养等方面学院要多借鉴一些国内外成功的经验方案，使实训基地的效益得到最大限度的发挥。

# 第三节　建设高等职业教育实训基地的<br>条件及评价

## 一、高等职业教育实训基地建设的必要条件

高等职业院校对于实训基地的建设，尤其是一些专业项目的建设有以下几个必要的条件：

第一,学校在办实训基地的时候要有充足的准备,其中要考虑两方面的内容。一是要考虑时代与社会发展的需要,二是要考虑办出学校自身的特色来。这两者要相互结合,学校把握好社会未来的经济发展状况,要学会挖掘行业潜力并学会培养后备人才,结合当地的经济现状,校企合作,共同发展。

第二,学校需要有较高的声誉和生源,具备较好的师资与较为齐全的设备,良好的管理制度与领导团队,所制定的方案要与具体的情况相符合,不夸大、不缩水。

第三,学校锐意改革,在对职业技术院校的学生们的相关教学模式和课程方面有切实可靠的改革措施与改革方案。

第四,实训基地需要具备综合性,实训基地要兼顾不同层次的职业技术院校的学生的需求,照顾到不同的行业和专业,兼备科研功能、教学功能等,尽可能做到"物尽其用"。

第五,高等职业院校要具备相当的师资力量、教学质量和资金人力等。

第六,高等职业院校要拥有广阔的人脉,能争取到企业投资,能够拥有校企合作的基本条件。

第七,实训基地的投入能够取得预期的效果,已经设计出实训基地的相关建设方案和项目。

第八,高等职业院校具备"双师型"师资,学生就业率保持在较高的水准,并且稳定性强,相关专业齐备,具备较好的办学条件和丰富的办学经验。

第九,高等职业教育院校要具备领导力和组织力较强的项目负责人,能够对相关的实训项目和教学改革方向有一个精准的把握,并能够把控好未来的变化,及时作出调整,提前进行准备。学院领导能够承担相应的责任,做好充足的技术资源、人力资源和资金的准备,能够保障实训基地的顺利开办。

## 二、高等职业教育实训基地建设的评价标准

高等职业院校对于实训基地的建设,尤其是一些专业项目的建设有以下几个评价标准:

第一,相关的教育部门和院校要对已经建成的实训基地进行查验、验收工作,对于验收工作要做到细致严格,要对其中的软件设施、硬件设施进行检验,查看是否符合标准。

第二,要制定具体的考核明细和相关准则,对于实训的质量、教师的态度、相关的规定管理等进行考验,定期地对相关的设施等进行检查,以保证实训质量。

第三,关于高等职业教育的实训基地建设考核内容,主要有以下几个方

面：①，要加强关于项目资金的审查，对于建设实训基地的物资、资金等要有一个明确的记录，同时也要配备专员进行审核，要明确资金流向，防止腐败等不良事件的发生，保障实训基地的投入效益；②，要对相关的负责人实施岗位责任制，保证执行有规则可依，责任有人来负责等，这样保证实训基地的工作实效，才能更加便捷高效；③，在职业技术上加强指导，要保证职业技术一流，建设好实训基地的实质性内容；④，有关教育部门要采取奖惩措施，保证这些实训基地在考核过后能够吸取教训，更好地完善自己的设备、师资、教学质量等。对于考核结果较好的给予表扬，并加大教育投入；对于考核不过关的，要批评教育，并提出警告。

# 第四节　建设高等职业教育实训基地的类型及方案

## 一、高等职业教育实训基地建设类型

### （一）合作共享型

合作共享型是指学校、政府有关部门、企业、社会团体等互相配合、协同运作实训基地的建设，实现资源的高效利用，产学研一体化的模式，这种模式能够提高人们的工作效率，且易于执行。

可以采取政府统筹、学校负责、企业参与的模式进行运行，简捷高效具有可操作性。政府往往在教育改革方面具有很强的话语权，领导力和组织力都是学校和社会上的各大企业所不能比拟的，因此由政府领导统筹具有很强的优势。学校负责是指学校在整个实训基地的建设过程当中处于中心地位，学校对于怎样建设好的实训基地更具有实践经验和更加直观的感受，学校负责整个实训基地的建设更有说服力。企业作为社会产业链的一环，在建设当中可以提供相当丰富的资金和技术设备，能够带领学生更加直观地接触到现实中的产业工作环境，帮助学生做好相关的准备，不断提高自己的技术水平和职业道德，以应对未来的产业变革和产业更新。三者所具备的功能相结合能够最大程度地发挥他们的优势。

在建设实训基地时，院校要学会进行企业化和市场化的管理，不能单纯地像管理学校学生一样管理整个实训基地。要像企业对待产业工人一样要求学生，提早让学生适应如今的工作模式、工作制度等，帮助学生提早接触社会。可以让实训基地的领导负责人像公司经理一样对学生进行管理，加强设备管理、人员管理、制度规范、考勤考评等，面向未来、面向社会、面向市场。

## (二)公益开放型

公益开放型实训基地顾名思义就是政府主导开办的实训基地,它是面向社会、面向企业、面向各个层次的职业高校开放,具有良好的设备条件和物质基础,能够持续运作,带给高校和社会以便利的实训基地。

政府主导的实训基地可以面向当地,甚至面向全国、全世界进行开放,政府相关部门可以借鉴国外的一些优良经验,对之进行本土化的修改和改良,结合当地的产业情况,以功能齐全的设备、良好的管理制度和使用规则为基础,吸引产业和院校进行入驻,加大实训基地的使用效率,兼备前瞻性和先进性,及时更新设备、维护设备,保持一个良好的使用环境来保证实训基地运行。

## (三)校内运作型

校内运作型的实训基地往往在校内补充了课堂学习的不足,能够让学生身处校园便能模拟演练一些具体设备的操作,弥补相关知识的不足之处,及时查缺补漏。学生能够在这里得到有规律的、有技术性的训练,更快地接触一些一线产业的设备,通过操作设备完善书本知识的不足。同时,校内实训基地要具备以下几个特征:通用性、前瞻性、仿真性、开放性。通用性是指实训基地的设施要具有通用性,减少不必要的投入;前瞻性是指实训基地的设备必须具有较强的技术性,能够让学生们接触到一线产业所使用的设备;仿真性是指实训基地的操作环境必须接近现实的工作环境;开放性是指实训基地必须对外有交流合作,不能"闭门造车"。

校内运作型实训基地需要学校自己筹集资金进行建设,它弥补了书本知识的不足,增强了学生们的实际操作能力和技术水平。

校内实训主要是为了辅助日常课堂教学所设置,学生们能够在实训基地之中磨练自己的技术水平并对未来工作环境进行熟悉。学校建设的校内实训基地需要具备符合时代科技水平的设备、充足的师资和良好的管理制度等,帮助学生有计划、循序渐进地进行专业的技术操作训练。但在当下我国职业技术教育发展遭遇瓶颈的情况下,我们亟待解决的是院校建设自己的实训基地所面临的一系列资金和资源问题。问题的最佳解决方案是通过校际联合的方式提高资金的投入量、减少学校的投资负担、增强资源的使用效率和利用率。这样既能减少单独的学校建设所带来的巨大负担,也能使实训基地的设备及时得到更新换代、师资力量更加充足。这种资源共享的模式,也能够对外提供服务,比如职业培训考核、行业对外交流,学生们不仅能够在此学到丰富的知识并积累相关的经验,也能够拓宽自己的眼界和知识面,接触到更大更广阔的世界。

对于高等职业院校来说,解决实训基地建设的资金问题是首要问题。如何筹集资金建设实训基地,主要有三种办法:第一是寻求政府相关部门的帮扶和资助。对于院校来说,政府资金的投入无疑是最便捷、最快速的方法,政府拨款建设的实训基地也能够更好地满足学生的需求,设备的先进程度、场地的大小等都能得到很好地解决。第二,学校可以通过联合其他职业院校来建设联合性的实训基地,实现共同建设、资源共享、共同教育,这样可以减轻学校的资金压力,也能够给学生带去更好的设备和实训条件,无疑是一种互利共赢的方法。最后,学校也可以自行建设实训基地,可以在建设的初期尽量压缩其他方面的开支,节约出部分费用来建设实训基地,在实训基地初步落成之时慢慢积攒购买设备、更新设备的费用,这种方法所花的时间比较长。除此之外,学校还可以办理贷款或者建立基金会寻求社会化的帮助。

其次,实训基地如何获得更好的师资也是一个很大的问题。师资作为一个软性因素,所起的作用也是不可忽视的。作为中国教育体制下的一部分,职业教育的教师同样存在着"重书本,轻实践"的问题,因此,现阶段任务的重点是培养"双师型"教师队伍,学校可以对老师进行适当的培训。

但是需要注意的是,校内实训基地虽然具有很多优点,但是由于校园环境的限制,很多设备不能予以展示,因此,需要学校建立相应的校外运作型实训基地作为补充。

## (四)校外运作型

校外运作型实训基地作为校内实训基地的重要补充,肩负着极为重要的责任。学生在校外实训基地能够更加直观地接触到现实的操作流水线,能够更加熟悉实际的工作环境,对于提高实际操作水平与动手能力都具有重要的作用。校外实训基地可以采用校企联合或校际联合的方式来进行建设,让学生在良好的模拟环境中进行训练。校外实训基地的这种模拟性更有利于让学生的书本知识得到升华、能力得到锻炼和提高。

校外实训基地绝大部分都是一线产业链,学生们在这样的环境下实训,其操作水平能够得到极大的提升,不仅如此,学生们长期遵守相关的工作要求和工作规定也能够及时适应工作模式,摆脱一些学生的思维状态,尽早地融入到工作环境当中去。同时,这种实训模式也有助于学生养成良好的工作习惯,锻炼自己在工作之中的灵活应变能力和实际的解决问题能力,更有利于知识的转化和实践能力的提高。学生们遵守工作的制度要求和相关的规范可以更好地让学生养成良好的职业道德,能够在今后的工作岗位上认真负责、尽心尽力。

校外的实训基地因为具备着更强的模拟现实性,因而对于学生的相关职业素养具有很好的锻炼作用,比如管理意识和协同合作意识等,这些都在学生未来的职业生涯当中有着十分关键的作用。校外实训基地的办理模式和实训氛围也能够在无形之中化为学生的个人能力和职业素养。在新时代的发展背景下,企业也越来越重视后备人才的培养和训练,他们之中有很多参与进了职业教育的发展规划中来,能够提供给职业院校相当多的实训基地建设资金和设备,这同时也帮助了高等职业院校提高了自身的办学质量,达成了自己一直以来追求的教育理念。企业参与到高等职业院校的办学之中,更好地促进了职业教育的科学发展,也为未来的职业教育指明了前进的方向,能让职业教育更好地办出自己的特色来。

校企合作的实训基地建设模式对于学校和企业两者来说都是很好的开端,企业在帮助学校建立实训基地后可以借这个平台宣传自己的企业品牌,能让更多的学生了解到自己的公司,来自己的公司实习工作,同时企业也省下了一笔不小的培训费用,这些学生可以免去很多的培训时间,能够直接上岗,为企业带来更多的价值和利润,学校也借企业这个平台得到了更多的资源和资金来培养学生。

校企合作的实训基地建设模式是以企业为主导,学校和企业联合办理、共同商议教学模式和培训方案,两者互利共赢,尽量缩短学生与实际产业链的距离。

高等职业教育开设校外实训基地能够弥补校内实训基地所不具备的——模拟性更强的工作实训环境,这种接近真实工作环境的实训基地能拉近学生与社会的距离,更好地适应未来的工作环境,不断提升自己的工作效率和操作技能,在实训过程之中端正自己的工作态度,把工作完成得又快又好。学校在与企业合作的过程当中能够节省很多资金,也减少了很多的建设压力,能够保障实训基地的资金链不断,后续更新设备的款项也能够及时到位。学校联系具有实力的企业进行协商共建,可以在对学生进行实训的过程当中及时地了解行业动态信息,能够更早地调整教学方案和培训方案,这样能够更有效地与地方经济和相关产业进行良性互动,形成一个良性的循环。学校和企业在实训基地的建设规划和学生的培训指导等方面进行合作交流,形成一个互相信任、互帮互助、互惠共赢的关系,这种关系能够在更长的时间线上给二者带来利益。

我国传统的教育模式强调对书本知识的学习,在封闭的学校环境之中,学生们认真读书学习无疑是一幅美好的画卷,但是校园作为一个"象牙塔"式的存在,使得学生在经过十几年的校园学习之后,与即将步入的社会环境相脱节,这对于学生的就业是不利的。而高等职业院校与企业联合开办的职业教育实训基地就为学生们的社会实践提供了场所,在这里,学生们能够提前接触未来的工作环境,了解人与人之间的相处模式,提前操作一些前沿科技设备,这无疑是一个良好的实训基地模式。

作为校外实训基地的相关企业可以为学校提供很大一部分的设备和资金投入,同时也能够将最新的设备提供给学生使用,拉近学生与最新行业科技的距离。学校可以对企业进行宣传,使企业名声远播,同时也为企业提供了很大一部分的优质后备劳动力。在这种模式下,企业必然会联合学校进行一些教学方式、培训模式上的改革,要多借鉴国内外一些先进的经验,并请一些专家或者行业精英来进行商讨,以达到改革的目的。

当前我国的高等职业教育模式主要分为三种,分别为:课程综合作业、分阶段专业实习和青年学徒制。课程综合作业主要指的是学生们在学校的任课教师依据现阶段各企业或相关的行业之中遇到的问题向学生布置的作业,这种作业往往会给学生预留一年的时间进行完成,学生在这一年之中通过在企业实训基地的工作实践之中锻炼技术、深入思考、结合书本内容,完成教师布置的任务,教师根据学生反馈的情况进行评分;分阶段专业实习指的是教师根据学生的年级、专业的不同来区分学生的实训内容,这种模式较为个性化,学校可以根据学生学制的不同来安排不同的实训方案。以三年制高等职业教育为例,在前两年中,我们可以先安排学生上半学期在学校内学习书本知识及相关的技术理论,下半学期进行为期一到两个月的实习,最后一年则可以实行全年实习,让学生能够深入一线流水作业,进行更加贴合实际的演练;在分阶段专业的实训过程当中,我们可以让传统的青年学徒制发挥其作用,在学生们实训的过程当中,让一名较为熟练的技术工人带领一到五名学徒,在实训结束之后,让这位"师傅"根据每位学员的表现进行打分。

美国"实用主义"教育学派的教育家杜威曾经说过一句话,那便是"从做中学",这句话放在职业教育模式中更是非常合适。中国的各产业飞速发展,对于技术工人的要求也会越来越高,当前的职业教育,尤其是高等职业教育当中,实训这一环节还是由学校主导,企业在其中所起的作用比较小,当下的一个重要任务就是对相关的实训模式进行改革,让学生们切实地在实训过程当中有所提高、有所锻炼,这样才能让职业教育的特点发挥出来,才能够让中国未来的各行各业的发展更加快速、发展的质量更高,也能够让中国从制造业大国变身为制造业强国。

## 二、高等职业教育实训基地建设高效方案

实训基地的建设可以结合国家的相关政策进行,比如农村劳动力的转移、行业人才紧缺的解决、一线工人的加强培训,在大趋势大背景下解决大问题,也有助于院校教学质量与名誉的提高。学校间可以对实训基地进行联合建设,保证资源和资金的充分利用,并提高后续实训基地的使用率,增加实训基地带来的效益,减少一些不必要的投资,保证实训基地向着高端方向发展。同时,校企合作的模式也是非常值得提倡的,校企联合,能够实现两者的互利共赢,企业为学校实训基地的建设和人才的培养提供资金与优质的资源,学校通过实训基地的建设帮助企业进行宣传,同时为企业提供智力支持和后备人才的培养,两者共同建设科研场所甚至能够实现共同的技术飞跃和快速进步。

高等职业院校要学会加强自身与企业、与社会的联系。在与企业联系的层面,不妨跳出以往的合作圈子,共商共建实训基地、共同参与人才培养、共同促进企业职工的技术培训、共同进行新项目的研发,这样不仅能够加深彼此的合作关系,也能够实现两者的双赢局面。在与社会联系的层面上,学校不妨结合一些相关的政策和社会现状进行实训基地的建设,比如把实训基地作为下岗职工的再培训再教育场所、农村剩余劳动力的培训场所、科研项目的研发场所等,这些项目的推进能够极大地利用实训基地这个平台,增加它的使用效率和建设收益。在具体做法的层面上,我们可以:第一,实训基地建设要制定相关的安全操作规定和管理制度,要依照法律对实训基地的相关管理进行规范和要求,实现实训基地的规范化。第二,在建设实训基地之时,建设出资方,无论是企业、学院、社会团体,还是相关的基金会或者工会等,都要遵循"自愿""共赢"的原则,以人才资源、资金、设备等进行投资建设,多方合作,甚至可以吸引一些国外的企业进行投资。第三,在建设完成后,可以实行区域化共享,区域内的相关产业和院校都可以在基地内进行相关的培训或科研活动,学院可以借此提高实训基地的使用效率,增加它所带来的社会效益。实训基地作为当地的产业服务基地,能够吸引更多的人进行关注和投资。

新时代下,我国的教育面临着重大的改革,高等职业教育也并不例外,在这个寻求突破的瓶颈处,高等职业院校要找到自己的办学立足点,不断增强自己教育教学的实践性和职业性,在有关部门的领导下,不断响应国家的相关政策要求,与社会上的大企业进行联合办学,共同建设实训基地,要多

尝试校企结合这种形式,实现产学研结合。对此,我们应做到如下几条:首先是国家要出台相应的政策,为企业和学校的合作提供一定的法律基础,将相关的问题在法律层面上予以解释,方便日后工作的开展。其次,国家有关部门要积极地为校企合作"牵线搭桥",增加校企交流的机会,为校企合作提供平台。可以利用多种方式让校企之间的合作关系加深,比如,企业可以通过投资实训基地,后续院校可以为其提供师资力量和技术支持,在建成的实训基地之中对企业员工进行有规划地培训,帮助企业提高生产效益,可以为企业提供设备及管理上的改进意见等。校企联合对学生的培训计划进行制定,可以从招生、教育、培训、实习、工作全线条进行合作,达到从需求出发进行教育,更加高效、更加规范、更加贴合实际。最后,相关的院校也要自己主动争取与企业的合作,"双师型"教师队伍的建设需要院校将本校的一些教师下放到企业或工厂之中,让他们对当下产业结构、生产管理方式、生产技术改进进行了解熟悉,之后将自己的见闻和感受编写成相应的教材或融入自己的教学之中。

在校企产学合作的层面上来说,国家发挥的作用应该是统筹领导。在新时期的背景之下,校企合作的形式可以多种多样,但国家有关部门一定要做好相关的立法,并出台相关的政策,引导校企科学合作。毕竟,在教育改革方面,政府出面进行指导和规范能够使改革更加高效。政府能够在贷款、人事管理、税务方面为校企双方提供很大的便利,让二者在资源的协同利用和科研方面进行合作,也能加大社会资源的整合利用,有助于减少低层次反复投资的低效率局面。

在当今的中国,虽然我们的制造业规模非常庞大,但是我们的相关专业人才却非常紧缺,这体现在我们的教育或者说各行各业的一线流水线的各个方面,是一个难以回避的问题。我们的当务之急便是要为各行各业培养出高质量的产业工人,让未来的产业发展都能有人才的不断涌进作为后盾。院校要善于经营自己的品牌,可以与产业相关的企业签订一些人才上面的协议,比如租用人才、互换人才、开发人才、借调人才等。同时,院校也要善于利用自己的优势,可以开展相关的科研活动,与相关企业建立密切的合作关系,共同促进技术的开发、行业的进步。

对于校企合作建立实训基地的模式,已经经过了国外诸多企业和教育领域的检验,这种模式非常值得推崇,效率也非常高,不失为上策。

同时,高等职业院校在建设实训基地之时少不了一个科学合理的制度和规范,只有如此才能使实训基地的功能作用得到最大限度地发挥。实训基地在落成之时需要学校领导、企业的领导人员召开相关的制度规则制定会议,针对需要注意的事项进行集中的讨论和交流,这样集思广益,制定出的方案才能更加科学。在人员管理、师资分配、设备保养等方面学院要多借鉴一些国内外成功的经验方案,使实训基地的效益得到最大限度的发挥。值得一提的是,我国当前的职业教育处在一个飞速发展的阶段,兼备着探索和前进两个重任。在广州和上海等地,就有很多改革职业教育模式成功的例子可供我们借鉴。这些院校带领其他地区的职业院校进行改革突破,我国当前也逐渐拥有了初步的职业教育改革成效,很多院校在改革中过程也更加清晰未来的改革方向和改革模式,要不断地提高学生的实际技术操作水平和职业道德,就要把他们安放在一个接近实际工作环境的基地中去,让他们在其中不断地打磨意志、打磨技艺、打磨自己的职业操守和职业水平,建立与职业规模相应的实训基地是改革职业教育非常关键的一步,我国的政府教育部门需要进行监督指导,并在政策上给予一定的支持,可以设立国家职业教育专项拨款,让院校利用这笔钱更新相关的设备或者建立更符合时代发展要求的实训基地供学生们演练操作,不断进步成长为新时代的职业人才。同时,我们也要多多尝试联合社会上的行业龙头企业进行实训基地的建设,制定高等职业院校学生的教育培训方案,这是至关重要的一步,以往的职业培训乃至实习,都是以学校为主导,这次的改革之中我们可以尝试放开手让企业更多地参与,让企业的主导性更为明显,这样学生在实训的过程当中就能够严格要求自己,并不断鞭策自己,弥补之前的不足之处,在技术和职业道德的领域更上一层楼。

我国进入 21 世纪后,高等职业教育应该谋求一个更好的发展,要不断提高学生的动手操作能力和职业道德水平,要加强建立相关的职业教育实训基地,把实训基地的建设放在一个较为重要的位置,建立一套完善的教育模式和教育体系。

# 第四章　高等职业教育建立校企合作长效机制

## 第一节　高等职业教育校企合作的逻辑基础

### 一、基于社会分工的校企差异性的价值取向

在人类社会发展初级阶段,社会生产和生活缺乏明确的分工,呈现出鲜明的"自给自足"的特征,生产活动多以个体或家庭为单位开展,很少与其他生产主体的利益产生交集,各生产主体间的交流方式多为物物交换。随着社会生产力的发展和生产关系的不断变革,人类社会先后出现了三次社会大分工:农业劳动与采猎劳动分离;农业劳动与工业劳动分离;产业劳动与商业劳动分离,不同的产业和行业开始出现。例如,为满足高效率生产的社会需要,逐渐出现了各种类型的作坊和企业,进而又分化为以提供物资性产品为经营方向的制造型企业和以提供服务性产品为经营方向的服务型企业。就人类教育活动而言,最初的教育只是纯粹的家庭教育,以传授生产生活经验为主要目标。随着社会的发展,对劳动者的素质水平要求不断提高,逐步产生了专门的学校。在社会发展的不同阶段,学校的体系和制度不断发生变革,即便在现代社会分工高度发达的背景下,学校体系仍在发展变化,高等职业教育即是这种变化的产物。从本质上讲,它是教育内部社会分工日益精细化的结果,是教育回应社会发展要求的必然结果。

精细化社会分工意味着社会各主体的主导性功能日益纯化和狭窄,同时,不同社会主体的活动范围、活动内容、活动目标也呈现出方向性、功能性的差异。也就是说,各主体基于不同的社会分工开展各自的活动,根据各自领域的特点和规律,组织自身的行为方式,实现各自的目标和功能。基于社会分工的各社会主体主导性功能的差异实际上是价值取向上的差异。基于本研究的内容和目标,此处聚焦于企业和高等职业院校这两类社会主体价值取向方面的差异。

企业一般指以营利为目的，运用各种生产要素，包括土地、劳动力、资金、技术等，向市场提供商品或服务，实行自主经营、自负盈亏、独立核算的具有法人资格的社会经济组织。企业是社会生产、社会分工的产物，是商品经济、市场经济的主要参与者，是社会生产和流通的直接承担者。现代经济学理论认为，企业本质上是"一种资源配置的机制"，其能够实现整个社会经济资源的优化配置，降低整个社会的"交易成本"，是社会经济技术进步的主要力量。

从事社会经济活动是企业的主要特征，以营利为目的是其鲜明的价值取向。企业开展生产和服务的目的是获得利润。从经济学意义上讲，利润是指经济利润，是总收益减去总成本的差额。利润是衡量企业优劣的重要性标志，决定企业生产行为的进退，只要有利润，企业就会持续性地开展生产和经营活动。企业从事生产和经营，不但要追求利润，而且要谋求利益的最大化。企业利润最大化的一个必要条件就是产量的边际收益（Marginal Revenue，MR）等于边际成本（Marginal Cost，MC），即 MR＝MC。边际收益是指企业增加一单位产品的生产和销售所增加的收益，即最后一单位产品的售出所取得的收益。边际成本指企业增加一单位的产量随即而产生的成本增加量。如果企业的边际收益大于边际成本，那么，企业增加一单位产品生产带来的收益大于因生产这一单位产品所增加的成本，企业有利可图，利润仍在增加，因而会扩大生产规模，反之则会缩小生产规模。当边际收益等于边际成本时，边际利润等于零，达到利润最大化。

企业生产经营的动力源和最根本原则是追求利润最大化。企业为了追求利润，在一定程度上促进了整个社会的发展，不断满足了社会及其成员日益丰富的物质和文化生活的需要。如果企业缺乏利益追求，安于现状，则整个社会势必缺乏活力，社会经济活动就会难以有效开展。

需要特别强调的是，企业利润最大化原则与"唯利是图"是两个截然不同的概念。利润最大化原则属于经济学范畴，"唯利是图"则与社会学、伦理学原则对立。经济学领域企业经营的利润最大化原则，是在严格的成本核算和成本控制前提下，获取最大化的经济利益，它本质上并不排斥整体上的社会利益和社会责任。而"唯利是图"往往是以牺牲社会利益为代价，并以非科学控制生产成本为手段获取经营利润，二者在本质上明显不同。

随着社会的发展和变革，生产和建设对高等教育不断提出时代性要求。与企业不同，高等职业教育是高等教育发展中的一种类型，肩负着培养面向生产、建设、服务和管理第一线需要的高技能人才的使命。这种教育坚持"以服务为宗旨，以就业为导向，走产学结合发展道路"，强调对职业的针对性和职业技能培养,属于社会事业。就我国而言,改革开放以后,社会生产蓬勃发展,各行各业对人才的需求量激增,以提高生产工艺和产品质量。但当时的高等教育"学科中心主义"的倾向突出,培养的人才与企业的实际需求严重脱节,高等教育改革的呼声日渐强烈。于是,为适应应用型人才培养的需求,高等职业教育应运而生。

高等职业教育实际上是高等教育精细化分工的产物。其内涵主要体现在两个方面:一是教育的高层次性。高等职业教育是高等教育的重要组成部分,是职业教育体系中的高层次。较之中等教育,受教育者知识体系更复杂,解决问题的能力更强,素质要求更高,更能适应经济社会发展要求,有更强的学习能力和基本的研究能力。二是职业教育类型。高等职业教育不同于其他普通高等教育,它培养的社会人才多层、多支、多面,其具有鲜明的职业针对性、技术应用性、岗位适用性、能力复合性。

由此,我们可以得出如下结论:高等职业教育和企业是基于社会分工的不同的社会组织形式,它们在社会生产生活中分别扮演着不同的角色,有其各自的主导性功能和价值取向,社会对其也有着不同的角色期望。企业通过其生产经营活动积累社会财富,不断满足人们各种形式的需求。高等职业教育则通过人才培养为生产、建设、管理、服务输送合格的高素质技术技能型人才。

企业和高等职业教育在价值取向方面存在明显的差异性。企业注重的是生产效益和利润,不断追求利润的最大化;高等职业教育则把重心聚焦在人才培养上,关注的是教育效益和社会效益。这种差异性的价值取向是客观的,是由社会分工的合理性决定的,否认企业和高等职业教育价值取向上的差异,实际上就是不承认社会分工,淡化两类主体在各自领域的主导性活动的差异和界限,在理论上是错误的,运用到实践中则是有害的。正如马克思所言:"一个民族的生产力发展的水平,最明显地表现于该民族分工的发展程度。"

## 二、高等职业院校和企业的利益交集

社会不断发展,社会各个领域为了追求各自的价值,经过不断发展变革,运行效率不断提高,社会分工精细化程度逐渐加深。但值得注意的是,高等职业教育与企业属于不同的社会组织形式,根据各自的社会分工的不同,价值取向方面截然不同。在追求各自实质性的利益的过程中,这两个领域不可避免地要进行沟通与配合,在提高各自运行效率的同时,在一定程度上也促进了整个社会运行效率的提升。

通过进行历史研究和社会现实考察可以发现早期的职业教育是从企业教育发展而来的,二者有着"远祖血亲"的关系。企业教育在整个国民教育体系之中,是相对独立的体系,它不完全属于任何一种教育体系,但又融合于各种教育体系之中。企业形式的职业教育将"学习"与"工作"有机结合,既有教育属性,又有经济属性。学校职业教育是职业教育发展到一定阶段的产物,它把教育的视角放在学校内部,面对不同年龄、不同的受教育程度的教育对象提供不同的教育资源,以培养大规模的应用型人才为最终目标。由初等和中等职业教育发展出的高等职业教育和企业基于社会分工的不同,两者间的差异性越来越明显,在双方的利益交集不明确的情况下,两者间的"边界"也越拉越宽。

高等职业教育中的"职"指的是职业技术,明确了其职业性的基本要求。高等职业院校的目标和目的是培养特定职业群所需要的技术技能型人才,服务对象主要是企业,故其人才培养、办学活动不能局限于学校自身,必须以满足企业的需求为一切工作的出发点和落脚点。高等职业院校作为教育的主体培养人才时要站在企业的立场上,根据企业的生产过程、管理需求培养出符合企业需求的高质量人才。高等职业院校首先要培养实用型人才。在组织制定教学目标、教学设计内容,教学环节和教学方法方面,把以理论为中心转变为以应用为中心,加大训练实践的力度,改变过去重讲解、轻实践的弊端。这就需要加强校企合作的力度,高校与企业要实现良性互动,通过搭建合作办学平台,优化教育资源,发挥各自优势,实现"1+1>2"的效果。其次,高等院校要确定实践性课程特色。课程内容要处理好理论基础与技能锻炼及职业能力的关系,根据"讲、学、做一体"的教学模式,让学生在实践教学的过程中真正掌握应用技术。

另一方面,虽然从事社会经济活动是企业的主要特征,以营利为目的是其鲜明的价值取向,但就企业生产、经营活动过程的各要素而言,"人"是第一位的因素,人才的质量和水平决定企业生产经营的效益。现代社会分工越来越精细,企业工作岗位任务专门化程度越来越高,产业升级换代的时间间隔越来越短,这些都对劳动者的专业能力和综合职业能力提出了特殊的要求。具体的职业工作过程对劳动者而言固然也是一个职业能力不断提升的过程,但根据现代社会对劳动者的要求以及技术技能型人才的成长规律,系统化、专门化的教育是不可缺少的。虑及科学技术的日新月异和频繁的产业升级换代,这种教育愈显重要。传统的企业"学徒制"技工培养,对劳动密集型粗放式生产是有效的,但在高度自动化、智能化的现代企业生产背景下,是难以适应的。因为,自动化、智能化的生产方式,劳动者工作的"一线"

再不是用"手"改变原材料,而是操纵"机械臂""机器人"及高精度数控车床等现代生产工具。从某种意义上讲,这是一种"间接生产"。这必然要求劳动者具有相关领域的专门知识,经过系统性的专业训练,既具备精湛的专业技能,也有较高水平的综合性的职业素质。显然,这一要求单纯在企业生产过程是不可能完成的,必须依靠专门化的学校教育。从这一角度上讲,企业的人才需求依赖于高等职业院校的人才培养。

此外,企业要持续性地提高生产效率和产品质量,必须不断优化生产过程,改进生产工艺,开发适应市场需求的新产品。就大多数企业而言,受自身智力资源数量和质量的制约,显得力不从心,但这恰是高等职业院校的优势。高等职业院校具有一大批专业理论扎实、技能精湛,紧跟产业升级步伐,熟悉企业生产的专业人员,是智力资源的聚集地。这类智力资源功能的发挥不仅体现在高等职业院校的人才培养活动中,还应体现在对企业的服务方面。企业可充分利用高等职业院校的优势资源,组建技术服务团队,开展新工艺、新产品的研发,提高产品质量和经营效益。因此,就技术进步的需求和动力而言,企业依赖于高等职业院校的智力服务。

综上所述,基于现代社会精细化分工的社会组织,各自有其主导型活动和价值取向。分工的目的是纯化功能,提高效率,但往往分工越细,专门化程度越高,对其他领域和行业的依赖就越大,利益交集就越充分,需要的"跨界"服务也就越充分。任何一个行业和企业的整体活动都不可能于"界"内完成。例如,传统的企业生产经营包含了仓储、配送、运输等环节,当这些环节与企业分离,社会分工出现专门化的物流业以后,企业的功能纯化了,但与物流业的利益交集随之产生,企业的正常生产经营对物流业的依赖也日渐明显。高等职业院校和企业的关系也是如此,原本是"跨界"的不同领域,有着差异性的活动方式甚至价值取向,但它们各自的主导性利益追求存在着交集。一方面,企业是高等职业院校培养人才的使用方,是高等职业院校的服务对象,离开了企业对人才的需求,高等职业院校就缺乏存在的必要性,满足企业需求是高等职业院校办学活动的根本出发点;另一方面,企业需要的高素质技术技能型人才与高等职业院校的人才培养目标定位高度契合,其劳动者素质状况依赖于高等职业院校的人才培养。此外,高等职业院校还是企业技术进步的重要依靠力量。因此,从本质上讲,企业和高等职业院校互为利益相关方,存在充分的"利益交集"和高度的依存关系,是一个实实在在的"利益共同体"。欲实现各自的存在价值和利益诉求,必须"跨界"合作,这种合作有其内生性的动力源。

### 三、校企合作核心价值的文化认同

校企合作的核心价值指的是社会组织的核心价值应是不同社会组织基于社会分工产物的差异性、个性化、主导性价值和作为社会存在体的社会价值的结合。从这个意义上讲,校企合作的核心价值有两方面内涵:一是校企双方直接的共同利益;二是作为社会组织的校企双方,通过各自的主导性活动实现的社会共享价值。例如,社会责任的忠实履行、社会安全与稳定的维护、公平和良知的坚守等。一般意义上的校企合作以利益交集为逻辑起点,以实现各自的利益诉求为目标追求。但这种合作尚停留在"机会性"层面,未达"战略性"高度。"机会性"校企合作聚焦的是短期利益,是针对某一具体的利益相关方展开的为解决某一具体问题的合作。例如,某企业与一高等职业院校合作,它看中的是对方拥有的资源能为自己的生产经营解决实际问题,未从战略的高度认识到企业的发展对整个高等职业教育的依赖,因此,也就不可能对校企合作进行总体设计和战略性考量。

战略性的校企合作必须以校企合作核心价值的文化认同为基础,文化认同的核心是校企合作观。从高等职业院校的角度而言,校企合作不是应景之作、权宜之计,应将校企合作上升为办学理念、办学模式的高度,成为学校文化的重要组成部分。切实转变办学思想和办学理念,开放办学,以企业的需求为出发点设置专业,开展人才培养活动,利用自身智力优势为企业生产经营活动解决实际问题。从企业角度上讲,应有正确的人才观。就长远来看,"人"是企业生产经营的决定因素。资金可以积累,技术可以购买,但人才需要较长周期的培养,而高素质技术技能型人才的培养恰是高等职业院校的优势。同时,以高等职业院校专业教师为核心的专家团队也能为企业新产品、新工艺的研发提供智力支持。因此,企业要从根本上克服基于眼前利益、短期利益开展校企合作的短视行为和倾向,将校企合作提升到战略高度,将人才培养作为企业发展的战略目标。

此外,对校企合作核心价值的文化认同,还意味着通过校企合作实现校企双方对社会共享价值的追求。共享是一种价值观,且是现代社会核心价值观的重要内容,是社会文明进步的重要标志。通俗地讲,有效的校企合作还是履行校企双方社会责任的有效途径。因为,基于战略性校企合作的最根本目的,是持续性地提高人才培养质量,持续性地提高劳动者素质。同时,也能不断提高企业产品质量和生产效率,促进高等职业教育和企业以及受教育者的共同发展,从而,产生丰富的社会效益,这正是高等职业教育和企业社会责任最有效的体现。

# 第二节　高等职业教育建立校企合作的影响因素

高等职业院校和企业属不同性质的社会组织,具有差异性的价值取向。但二者存在高度的利益相关和利益交集。校企合作实质上是不同性质社会组织之间基于各自需要寻求优势互补的一种联合行动,这种联合行动必须体现"共赢"的原则,它取决于校企互动的有效性。在校企合作过程中,高等职业院校和企业是最重要的利益相关方,是校企合作活动直接的影响因素。此外,虑及高等职业院校和企业不同的性质和价值追求,政府在环境优化、法律政策支持等方面对校企合作的开展发挥着独特的影响和作用。

## 一、高等职业院校

高等职业教育是一种特殊类型和层次的高等教育,培养高素质技术技能型人才是其最基本的目标,社会服务、文化传承等职能的发挥必须以此为基础。高素质技术技能型人才的培养应遵循技术技能型人才的成长规律,以"实践"和"应用"为核心和取向,按企业生产、管理的实际需要组织教育教学活动。但学校的教育环境与企业的生产环境毕竟有着性质上的差异,欲达成教育教学过程与企业生产过程的有效对接,提高校企合作的有效性,就高等职业院校而言,存在以下制约因素。

### (一)办学的开放度

高等职业教育是与社会产业最直接关联的教育活动,它的主要功能不在于探究规律,形成科学理论,而是以适应社会需要为目标,以培养技术应用能力为主线。高等职业教育不应复制其他普通高等教育精英型人才培养模式,聚焦知识的系统性、完整性和严密的逻辑,而应最大限度地将职业属性融入人才培养活动中,强调职业适应和未来的职业发展。因此,办学的开放度势必成为高等职业院校办学理念、办学思想定位的重要基点。办学的开放度体现在高等职业院校办学的方方面面。就办学思想理念而言,学校领导班子,特别是校长是否具有开放的办学视野,是否将学校的办学融入整体的社会系统,构建学校与社会的联动机制,将影响学校开放办学格局的形成。就具体办学行为而言,高等职业院校的专业设置、教育教学活动安排是否体现产业发展的需求,是否符合企业生产经营的实际等,都将直接影响人才培养质量和办学效益。

办学的开放度是高等职业院校寻求校企合作的逻辑起点,也是高等职业院校参与校企合作的内生动力。未真正确立开放办学理念的高等职业院校,多立足于学校系统内部开展教育教学和人才培养活动,即便有一定的校企合作,也是浅层次的,难以在人才培养活动中体现职业活动的要素,更难以开展实质性的体制创新,丰富校企合作的内涵,因为它不具有开放办学的视野,缺乏校企合作的内生动力。

### (二)人才培养活动设计的科学性

校企合作、工学结合是高素质技术技能型人才培养的路径选择。从逻辑上讲,校企合作的内在需求和具体运行在一定程度上取决于人才培养活动的总体设计。技术技能型人才归于应用型人才范畴,其培养活动的设计应源于对职业岗位任务的分析,在此基础上确定完成工作任务需具备的知识、技能、能力、素质,以此为依据构建课程体系,确立课程标准和课程实施方式。由此可以看出,高等职业教育人才培养的设计带有浓厚的职业属性。一方面,高等职业教育课程的内容以及实施过程实际上是对企业生产过程的再现,学生即员工,学习内容即生产过程,学生掌握学习内容的同时也就掌握了企业的生产过程。另一方面,高等职业教育的人才培养具有浓郁的职业氛围,它有别于其他普通高等教育主要在教室、图书馆、实验室实施的教育教学活动。因与未来职业岗位的有效对接,高等职业教育更能将职业精神、综合素质、工作规范教育,融于人才培养活动之中,培养全面发展,具有工匠精神,能适应未来职业生活的现代职业人。

因此,高等职业教育人才培养活动设计的科学性,取决于人才培养活动适应企业职业活动,甚至岗位工作任务的程度。要达成这一目标,在具体的人才培养活动中,必须走工学结合、校企合作之路,否则,无论多么科学的人才培养设计,都无从实施。

### (三)内部管理运行机制的有效性

技术技能型人才的培养,不是高等职业院校能独立完成的,必须校企合作、产教融合,这对高等职业院校内部管理运行机制提出了特殊的要求。事实上,现阶段高等职业院校的内部制度体系的设计、教育教学管理、师资队伍建设、学生管理等,离深度校企合作的要求还有较大的差距。体制僵化,内部运行机制与校企深度融合的矛盾还比较突出,主要表现在以下几个方面:一是制度保障体系的总体设计未体现开放办学的理念,未突出高等职业教育的个性化特征;二是教育教学管理的灵活度不够,人才培养刚性和柔性关系的处理不利于校企合作的开展;三是教师队伍的职业化程度不高,教师队伍企业经历不足,课程教学的学科性、知识性太强,未完全体现岗位工作任务的要求。

校企合作必须以高等职业院校有效的内部管理运行机制为基础和前提，为此，高等职业院校应强化制度建设，以促进产教融合、校企合作为着力点优化内部制度环境，在教育教学管理、师资队伍建设等方面，理顺机制，为校企合作的顺利开展奠定坚实的基础。

## 二、企业

企业是高等职业教育重要的利益相关方，校企合作能否持续有效开展，取决于企业利益能否得到实实在在的保证。在校企合作中，企业的利益主要体现在充分利用高等职业院校的人才资源，顺利获得符合需要的技术技能人才和企业升级换代所需要的技术支持，以实现自身利益的最大化。

### （一）人才需求

人才是企业生产经营的核心要素。二十世纪八九十年代，绝大多数企业生产方式比较传统，属于劳动密集型生产方式。在这种背景下，企业对员工的生产技能没有特殊的要求，即便是普通农民工，通过较短时间的培训与适应，即可顺利进入生产过程。随着技术的进步和生产方式的变革，新技术广泛应用于生产过程，竞争日益加剧，企业对生产过程升级换代的需求越来越迫切，新的技术、新的设备、新的生产方式，对劳动者素质提出了特殊的要求。传统意义上的普通工人在高级数控车床面前可能不知所措，需要受过系统专业教育的劳动者从事生产。事实上，现阶段经营困难的企业要么缺少必要的资金，要么缺少合格的员工。一般来讲，资金问题不是影响企业经营的本质问题，关键是人的问题，企业需要专门人才，适应新的生产方式。

就我国目前的教育体系而言，职业教育，特别是高等职业教育的培养目标定位正迎合了这种需要。也就是说，高等职业教育培养的人才正是企业生产经营所需要的人才。不断提高人才培养质量，是高等职业院校和企业共同的利益诉求，是校企利益共同体的基石。为保证人才培养质量，企业应与高等职业院校建立紧密的联系，改变企业单纯关注"用工"环节的浅层次校企合作。通过与高等职业院校共同编制人才培养方案，共同设计教育教学过程，参与人才培养活动，提供实习实训条件等方式，深度介入高等职业院校的人才培养过程。将企业的需求、企业的文化根植于高等职业院校的教育教学活动中，构建人才培养过程与企业生产过程的高度关联性，以提高高等职业教育的人才培养质量。如果说单纯的用工需求，是企业参与校企合作的应景之计的话，企业深度介入人才培养过程，就是企业的战略之举，如此，方为理想状态的长效的校企合作。

## (二)技术需求

市场是企业生产经营的晴雨表,市场经济条件下,竞争越来越激烈,技术革新日益频繁。一条生产线、一种生产技术能持续使用十余年乃至几十年是不可想象的。企业要生存,要发展,要获得最大的经营效益,必须以技术进步作为自身的动力,不断地研发适应市场需求的新产品,不断地改进生产工艺,提高产品质量。对大多数中小企业而言,技术进步缺少智力资源,必须寻求外部支持。基于这种情况,高等职业院校即是理想选择。一方面,高等职业院校具有自身的智力优势,聚集了一大批熟悉企业生产过程,紧跟技术进步的专业人才;另一方面,为企业提供技术服务也是其应有的职能。因此,虽然企业和高等职业院校属于不同性质的社会组织,基于双方的利益交集,完全可以结成利益共同体,组建科技研发团队,合力攻关,优化生产过程,提高生产效率,开发新技术、新产品,提高产品质量和产品的市场竞争力。

## (三)社会责任

综上所述,满足企业的人才需求和技术需求,是企业参与校企合作的直接动因,这种需求的满足度,直接影响企业校企合作的参与度。此外,作为一类社会组织,企业除了关注自身的生产经营效益以外,还需履行应有的社会责任。社会责任的履行,是企业最重要的社会形象。而现代企业的社会形象也是企业极重要的资源,是影响企业社会地位、公众认可度的不可替代的因素。高等职业教育是一项社会事业,企业开展校企合作,介入高等职业教育,提高高等职业教育质量,正是企业履行社会责任的具体表现。

## 三、各级政府

校企合作是培养技术技能型人才的重要保障,对提高高等职业教育质量,推进职业教育现代化具有重大的战略意义。在具体的高等职业教育实践中,各高等职业院校和相关企业积极探索,勇于实践,积累了丰富的校企合作经验,形成了大量的校企合作成果。但校企合作毕竟属于"跨界"融合,是不同性质主体之间基于利益交集的结合,客观上需要政府主导和支持。现阶段高等职业教育校企合作中,还存在政府职能发挥不充分,法规政策不完备等问题。就职业教育在经济社会发展中的战略地位而言,政府是职业教育重要的利益相关方,对校企合作的顺利开展有着不可替代的作用。

具体而论,政府可通过以下方式影响校企间的合作。

## (一)政策引导

目前,校企合作中一个突出问题是,政策法规不完备,政府主导作用未能充分发挥。行业企业、劳动人事部门及其他相关部门,较少参与到职业教育的运行机制和跨部门的统筹协调管理机制中,校企合作基本上还是依靠感情和人脉关系,合作大多是浅层次、低水平、松散的。根据德国职业教育的经验,完善的政策法规是校企合作有效开展的重要保障。《联邦职业教育法》《职业培训条例》《考试条例》等法规对促进以双元制为主体的职业教育的发展,特别在校企合作的规范方面做了明确的规定,尤其固化了政府在校企合作中的义务,充分发挥了政府的主导作用。20世纪60年代以后,我国相继出台了一系列职业教育政策法规,对校企合作的有效开展起到了积极的推动作用。但总的来讲,政策法规体系尚不完备,操作性强的实施细则还不完善,劳动部门、教育部门、行业协会等相关协调机构的协同参与机制还未建立,校企合作中的学校、企业双方权利和义务的监督与约束未落到实处。此外,有关校企合作的地方性法规的建设,任务仍然十分艰巨。实践证明,只有通过政策法规发挥政府的主导作用,校企合作的难题才能得到一定程度的破解。

## (二)平台搭建

校企合作的利益相关方包括学校、行业、企业、政府等。如果说校企合作是职业教育的一台"大戏",上述利益相关方就是戏中的不同角色,只有这些角色真正"入戏","大戏"才能生动。但任何"大戏"都需要出色的导演,需要有效的平台。在校企合作这台"大戏"中,政府充当了导演的角色,其职责就是搭建平台。校企合作是不同性质社会主体之间,基于利益交集的融合,是一项准社会事业,只有通过政府政策引导和组织协调,才能建立有效的合作机制。事实上,以德国为代表的职业教育发达国家,早期的校企合作基本都属于政府驱动型。

## (三)强化激励

为提高各方参与校企合作的积极性,政府可以实施针对高等职业院校和企业的专项补助与税收优惠,降低其校企合作的成本。特别是对参与合作办学的企业,根据其介入合作办学的深度和惠及学生的数量、规模,给予一定标准的税收减免。政府还可实施各方参与的示范性校企合作项目,设立专项资金,给予一定的资助和奖励,以点带面,推动校企合作有效运行。

# 第三节　高等职业教育校企合作的基本模式

高等职业教育的校企合作既是一种职业教育理念,更是一种实践。通过高等职业院校长期的探索,形成了一系列行之有效的模式。校企合作模式是应企业人才实际需求状况而产生的,并按照企业部门和学校的安排实施的、交替进行课堂教学和企业实际操作培训的教育模式,也是高等职业教育区别于一般学术型高等教育的核心特点。校企合作模式是职业教育参与方,在长期的职业教育办学活动中提炼、抽象出的规律,是对校企各方参与高等职业教育技术技能型人才培养规律的高度凝练和总结,也是已上升到理论高度的、被实践反复证明行之有效的校企合作方式。根据我国高等职业教育的实践经验,根据校企各方的合作方式,成熟的校企合作模式主要有以下几类。

## 一、订单培养模式

订单培养是围绕学生就业和企业个性化人才需求开展的校企合作模式,是当前最有代表性的校企合作模式。所谓订单培养就是指企业根据自身需求,确定人才规格和数量,共同制定人才培养方案,深度介入教育教学过程,最后由企业按协议,安排学生就业的校企合作模式。这种合作模式的特点表现在以下几个方面。一是量身定做。企业根据自身的生产经营状况,提出人才需求规模,从数量上满足用工需求,进而将工作任务的要求转化为课程,保证学生学习内容与未来工作任务能无缝衔接,缩短工作的适应期。二是共同培养。订单培养模式将企业和学校结成了实质性的利益共同体,充分调动了企业参与人才培养的积极性。企业充分利用自身优势资源,通过委派兼职教师,提供实践教学条件,参与教学质量评价,丰富企业课程等方式,深度介入人才培养过程,视教育教学和人才培养工作为己任,与学校心往一处想,劲往一处使,真正实现双主体育人,提高培养质量。三是协议支撑。订单培养以校企双方乃至校、企、学生三方协议为基础,固化各方权利和义务,特别是将企业的责任以协议的形式予以明确,具有很强的操作性和规范性,克服了传统基于情感的合作模式的弊端。四是学生就业质量高。订单培养以学生自愿为基础,订单班的组建充分体现了企业、学生双向选择的原则,学生未来就业的企业和岗位为学生所接受。这在相当程度上提高了其学习积极性,学生进入工作岗位以后,一般比较稳定,离职率低。

订单培养校企合作模式有很多成功的实践。例如,武汉职业技术学院与华中数控股份有限公司,采用"订单式"合作培养数控技术应用型人才,就是其中的经典案例。双方通过协议明确了培养目标、应职岗位和培养规模,组建了订单班,共同开发并拟定了"中级数控技术人员培训教学计划",核定了15周的学习内容,其中有4周在企业完成,由企业负责实施,双方选派精兵强将参与教学。学校教师均有中级以上职称且具有丰富的教学经验和实践操作经验,企业实质性参与人才培养质量评价。订单班每个学生的成绩均由四项组成,其中企业评价占40%。上述订单培养校企合作模式,从2001年开始实施,一直延续至今,促进了学校的教育教学改革,实现了学校、企业、学生"三赢",产生了良好的社会影响。

## 二、工学交替模式

"工学交替"是一种专业理论教学过程与实践教学交替进行的校企合作模式。一般来讲,理论学习主要在校内进行,由学校负责实施,实践教学主要在企业或校内生产性实训基地完成。对学习者而言,工学交替有深刻的内涵,既包括理论学习和实践学习的交替,也包括学校和企业学习的交替,还意味着学生身份和员工身份的交替。工学交替、校企合作模式有以下两方面特点。一是切换。通过学习时间、学习地点的切换,理论知识学习与实际操作的切换,将培养过程按技术技能型人才的成长规律进行分解和组合,巧妙地解决了理论教学和实践教学的关系,知识和技能的关系。同时,通过交替,让学生提前接受企业氛围、企业文化的感染,有助于培养起职业精神和职业素养。二是共同育人。通过工学交替,整合学校、企业的职业教育资源,一定程度上体现了育人主体的多元化,深化了校企合作,提高了培养质量。

四川职业技术学院物流管理专业,在工学交替、校企合作方面,进行了有益的探索。学院充分利用中国西部现代物流港以及众多驻港企业的资源优势,在政府主导下,合作组建了以董事会管理的"四川职业技术学院中国西部现代物流学院",确立了"院港融合,三进三出"的校企合作模式。物流管理专业学生进校后,首先进行为期两周的物流企业感知见习,积累对物流企业以及主要工作岗位的感性经验,并形成见习报告。2~5学期,根据学习内容的特点,先后开展4次校内学习和企业实习的交替。其中企业实习均为4周,以专业技能学习为主。至此,学生能基本掌握物流企业主要工作岗位的操作技能和规范。第六学期进行顶岗实习,以企业员工的身份进入工作岗位,进一步锻炼专业技能和专业能力,保证毕业以后能顺利入岗。通过多年的实践,这种工学交替、校企合作模式日益完善,培养质量不断提高。学生进入驻港企业就业的人数比例不断增加,校企间良性的互动机制基本形成。

### 三、职教集团模式

职业教育集团是职业院校、行业企业等为实现资源共享、优势互补、合作发展而组建的教育团体,是近年来我国加快职业教育办学体制机制改革,优化职业教育办学环境,促进优质资源开放共享,提高职业教育与地方产业的切合度,提升职业教育人才培养质量和社会服务能力的重要模式。通过组建职业教育集团,行业企业可以充分发挥支持和参与职业教育发展的重要作用。按照组建形式的区别,职业教育集团可分为围绕区域发展规划和产业结构特点,面向地区支柱产业、特色产业的区域型职业教育集团;围绕行业人才需求,由行业组织牵头组建的行业型职业教育集团;跨区域或跨行业的复合型职业教育集团;以招生就业、劳动力转移培训等为合作内容的特色型职业教育集团和涉外型职业教育集团等。推进职业教育集团化办学,有利于整合多方力量,推动现代职业教育体系建设;有利于建立健全政府主导、行业指导、企业参与的职业教育办学机制;有利于深化职业教育校企合作,系统培养高素质技术技能型、应用型人才,提高人才培养质量。

由遂宁市人民政府主导,以四川职业技术学院为龙头,依托遂宁及周边地区现代制造业产业园区,有效整合政府、行业、企业、职业院校的优势资源。本着资源共享、合作共赢、共同发展的原则,形成合作办学、合作育人、合作就业、合作发展的长效机制,推动遂宁及周边地区职业教育又好又快发展,更有效地为区域经济和社会经济发展服务,遂宁市组建了先进制造业职业教育集团。近年来,在国家、省、市支持下,遂宁职业教育逐步发展壮大。目前,已建成以政府为主导、以职业院校为主体、以行业企业为依托、以市场需求为导向、以技术创新为动力的产教融合对接对话合作机制,通过校企深度合作,为学生就业打通"最后一公里"。据统计,2020学年,遂宁市高等职业教育向社会输送毕业生几万余人,本地就业占就业人数的51%。

### 四、教学工厂模式

"教学工厂"模式来源于新加坡职业教育的成功经验。根据我国职业教育的实践,"教学工厂"有两种建设模式:一是由学校提供场地,企业出资将工厂建在学校,既可实现正常的企业生产经营,又能为学生提供实践教学条件。二是由学校自主投入,在校内建设具有生产功能,且能承接生产项目,具有工厂真实环境的校办企业。上述两种模式具有一个共同的特点,即将学校和工厂合二为一,将校企合作集中于学校内,教学运行更为顺畅。不同的是,前种模式更具有逼真的企业生产经营环境,且对学校来讲成本更低。采用"教学工厂"模式在培养创新型人才过程中要融入五个要素,即融入产业要素、融入行业要素、融入企业要素、融入职业要素、融入实践要素,以达成人才培养过程与企业生产过程的有效对接。

引企入校,建设教学工厂,在高等职业院校有众多成功的经验。例如,宁波职业技术学院各专业通过引厂入校,建设了集教学、实习、实训和生产于一体的实践教学管理平台。应用电子技术专业与宁波华祐微电脑有限公司合作,建设了教学与生产有机结合的波峰焊流水生产线、SMT 自动贴片生产线和手工贴片生产线。学院与宁波经济技术开发区、宁波信息产业局、中科院华建集团,四方共同合作,依托学院西校区成立了"宁波经济技术开发区数字科技园"。目前,该科技园已成为学校重要的实践教学基地。

## 五、顶岗实习模式

顶岗实习指职业院校根据专业人才培养方案的安排,组织学生到企业实际工作岗位进行的实践性学习。"顶岗"是其最关键的内涵,它有别于其他形式的实习。顶岗实习过程中,学生在生产一线的特定工作岗位上,从事与企业员工同样的生产性劳动,其身份既是学校的学生,又是企业员工。高等职业教育培养的是适应生产、建设、管理、服务一线需要的高素质技术技能型人才,岗位工作任务分析是专业人才培养总体设计的逻辑起点。也就是说,高等职业教育人才培养的规格、标准来源于特定岗位(群)的工作任务要求。是否适应现实的工作岗位就成了衡量人才培养质量的最重要标尺,因此,顶岗实习必然成为高等职业教育人才培养活动的重要环节。顶岗实习以真实的工作环境和工作岗位为载体,需要学校和企业的共同深度介入。一方面,顶岗实习是重要的教学环节,是人才培养方案规定的一门特殊"课程"。顶岗实习课程教什么、怎么教是课程设计不可回避的问题。为了真正发挥顶岗实习的重要作用,应将顶岗实习作为专业核心课程,纳入工作过程系统化的课程体系,依据专业人才培养目标并结合顶岗实习的特点设计顶岗实习课程标准。另一方面,顶岗实习具有学习过程与岗位工作过程合一的特点,需要抽象出典型工作任务作为顶岗实习课程的教学内容,在此基础上融入企业文化要素和制度规范,体现学生综合能力目标和岗位工作的一致性。

顶岗实习是校企双方协同育人最生动的环节,也是最典型、最普遍的校企合作模式。为达成顶岗实习的目标,校企必须深度合作,对顶岗实习进行全面地、系统性地设计。要固化顶岗实习的目标、内容,要科学安排顶岗实习的进程,要对学生进行精心地指导。如此一系列工作,需要校企双方积极介入,协同合作。

# 第四节　高等职业教育建立校企合作的基本策略

校企合作长效机制指校企合作的参与机构与人员为实现稳定、良性的合作,密切互动的过程和方式。它具有系统规范的运行框架和相对稳定的运作模式,同时能够根据外部刺激和内生需求进行适当地自我调整。校企合作机制能否长效,取决于合作过程中各方利益的实现度。就校企合作而言,最重要的利益相关方包括学校、企业和政府。学校的利益表现为通过校企合作培养高质量的应用型人才。政府的利益则是通过推进校企合作,为社会提供有效的职业教育公共产品供给。企业的利益集中体现在合作过程中,提升产品质量和经营效益。从经济学角度上讲,基于有效利益交换的合作方能长久,校企合作亦然。就校企合作各方利益考量,应该说都是受益者,各方对合作理应表现出强烈的欲望和积极性,但事实并非如此,校企合作中的"壁炉现象"仍然普遍存在。作为社会公共事业的职业教育与作为社会产业的企业分别遵循不同的规律,具有差异性的价值取向,这种归属上的"错位"成为阻隔校企的"中间地带"。职业学校专注于职业教育,企业专注于生产经营,两者无形中确立着各自的"边界",慢慢拉开距离,于是"中间地带"不可避免地产生了。

上述的"错位"势必导致校企合作困难重重。就校企合作的性质和现实状况考量,学校和政府不仅是实然的主动方,还是应然的主动方。校企合作长效机制的建立,主要责任应归于学校和政府。具体的策略主要有以下几个方面。

## 一、强化专业建设和人才培养,提升服务能力

专业是高等职业教育的根本,专业建设是高等职业院校人才培养和社会服务的基础和前提,专业建设水平和社会服务能力,是吸引企业参与校企合作的关键要素。从高等职业院校的角度上讲,应以专业建设水平和社会服务能力的提升为构建校企合作长效机制的立足点和着力点。

### (一)立足产业建设专业

专业设置应体现需求导向的原则。教育部《高等职业学校专业设置管理办法》明确提出:"高校的高职专业设置要坚持以服务发展为宗旨,以促进

就业为导向,遵循职业教育规律和技术技能人才成长规律,主动适应经济社会发展,特别是技术进步和生产方式变革以及社会公共服务的需要,适应各地、各行业对技术技能人才培养的需要,适应学生全面可持续发展的需要。"专业设置既要"有所为",也要"有所不为"。要依托地方经济社会发展的主导产业和优势产业,集中力量办好优势产业和特色专业。切忌"大而全",切忌盲目"跟风""跟新",无视区域经济社会发展需要,专业设置不接地气等现象,确保专业与地方产业的有效对接。如果专业与地方产业的关联度不高,校企合作当然就缺乏应有的根基。

人才培养的总体设计应具有鲜明的职业性。高等职业教育人才培养的总体设计集中体现于专业人才培养方案,人才培养方案是专业建设的重要内容。高等职业院校应深入开展调研,根据产业特点和产业升级换代的趋势,准确把握企业一线岗位的要求,科学定位专业人才培养目标以及知识、技能、能力、素质规格,在此基础上设置科学的课程体系。应明确人才培养方案实施的条件保障,科学配置教学团队,根据实践教学的要求建设实训基地。

（二）人才培养须符合工学结合的取向和要求

课程的实施应符合高等职业教育规律和技术技能型人才的成长规律,基于工作过程的理念实施课程教学。要正确处理知识学习和技能锻炼、能力培养的关系,深入实践"教、学、做一体"的教学模式,以工作过程再现和引领学习过程,基于典型工作任务实施项目制教学。坚持能力本位教育教学理念,把提高学生技能、技术应用能力放在突出位置。强调理论知识以应用为目标,强化职业技术、技能培养。将职业资格考试内容融入课程体系和教学内容,取证课程要紧密结合职业技能（资格）认证课程。落实"双证书"制度的要求,不能对接国家职业资格考试的专业,要建立校内专业技能考核制度。

人才培养应积极实践素质教育理念,强化学生综合职业素质的培养,推行"全员、全程、全面"的"三全"育人思路。要立足于受教育者职业生涯发展对各种育人要素和途径进行系统性规划和设计。要建立完善的综合素质训育课程体系和训育基地,充分发挥第二课堂在人才培养中的作用。要丰富企业文化元素,营造浓郁的职业氛围,在培养途径和手段方面强化"训""育"结合,对理工类专业学生突出人文素质的训育,文管类专业学生突出科技素质的训育。

（三）以服务能力的提升吸引企业参与合作

职业教育是与产业、企业关系最紧密、联系最直接的教育活动,"以服务为宗旨,以就业为导向"是职业教育的办学方针。服务产业,服务企业是职业教育的天职,也是职业教育保持持久活力的源泉。职业教育社会服务功能主要体现在两个方面:一方面,作为教育体系的一个组成部分,职业教育为社会培养生产一线所需的技术技能型人才,间接为社会服务。另一方面,职业教育利用自身资源通过面向社会开展教育培训、提供技术服务、科技成果转化等方式,直接为社会服务。现阶段,高等职业教育校企合作的关键问题是企业积极性不高,参与度不高,究其原因,一是高等职业院校培养的人才与企业的要求存在较大的差距,人才供需市场的结构性矛盾比较突出。二是高等职业院校优势智力资源的开放度不够,未能有效地帮助企业解决生产经营中的实际问题。

上述问题的实质在于,真正意义上的校企利益共同体还未形成,企业未能在校企合作中得到实实在在的"好处"。为此,高等职业院校须进一步强化专业建设和人才培养的职业性。根据企业需求优化人才培养过程,"促进专业与产业企业岗位需求对接,专业课程内容与职业标准对接,教学过程与生产过程对接,学历证书与职业资格证书对接,职业教育与终身学习对接""说企业能听懂的话",培养企业用得上、留得住的应用型人才。为充分发挥自身智力优势的服务功能,高等职业院校要在服务团队建设和服务品牌建设方面下功夫,与企业共建技术服务、技术攻关团队,与行业企业共建技术工艺和产品开发中心、实验实训平台、技能大师工作室等。集中优势力量,开展新技术、新工艺、新产品的研发,积极参与技术协同创新,帮助企业优化生产过程,提高产品质量和生产效益。此外,针对服务企业转型升级对劳动者素质提升的需要,高等职业院校还应积极参与企业员工培训,紧密跟踪产业发展趋势和动态,不断积累企业员工终身学习的教育资源,深度介入企业人力资源建设,服务企业可持续发展。

## 二、政府积极介入,有效主导

政府是高等职业教育校企合作重要的利益相关方。政府的利益体现在通过高等职业教育的人才培养和社会服务,有效促进社会经济发展。从社会机构的属性上讲,高等职业教育属于社会公共事业,企业属于社会产业,二者的合作和"联姻"带有跨界性质。一方面,必须以校企实质性的利益交集为基础,要真正"情投意合",另一方面还需要外在的媒介或"红娘"。此外,校企合作实际上是一个校企博弈的过程,也是一个无止境的磨合过程。它需要一个优化的环境,需要进行不断地协调。也就是说校企合作的顺利开展,需要一种层面更高的外在力量,这种力量主要来自各级政府。从本质上讲,校企合作不仅是学校与企业的合作、教学与生产实践的合作,也是科技与经济相结合的合作行为。对政府来说,校企合作产生的效应是一种综合性的社会效应,为实现和追求这种效应,政府责无旁贷,须有效介入校企合作。

政府深度充分发挥自身职能,深度介入校企合作,可从以下几方面着力。

(一)构建大职业教育系统

时下一种普遍的观点认为,职业教育就是单纯的教育事业,是学校和政府的事,企业和职业教育的关系只是人才使用。这种观点在理论上是错误的,在实践中是有害的。早在 20 世纪初,黄炎培先生就指出:"办职业学校的,须同时和一切教育界、职业界的沟通联络;提倡职业教育的同时须分一部分精神,参加全社会的运动。"他特别强调职业教育与社会的沟通,助长社会化的职业教育办学方式。仅靠教育界是难以办好职业教育的。高等职业教育的目标仅在高等职业院校内部是断难实现的,需要动员全社会的力量参与支持。因此,各级政府积极推动高等职业院校办学模式改革,真正树立开放办学的思想和理念。同时,要加强理论研究和舆论宣传,进一步推进职业教育体制改革,构建大职业教育系统,有效整合一切职业教育资源,调动包括企业在内的各种社会力量,协同办好高等职业教育。

(二)完善校企合作的统筹保障机制

校企合作的统筹协调涉及政府职能的方方面面,例如教育、财政、税收、人社等。要加强对校企合作的管理与统筹,就必须建立校企合作的部门统筹机制,固化各部门在校企合作中应承担的责任,在政府的整体职责框架内,实现有效的分工与合作。

(三)建立校企合作公共服务平台

为实现校企间有效的互动和交流,可由政府主导,行业企业、高等职业院校参与建立校企合作公共服务平台。具体任务包括构建协同运转的校企合作网络公共服务环境,拓展校企合作网络平台公共服务资源,完善校企合作网络公共服务平台评价机制,对接校企合作网络公共服务平台加盟入驻机制,营造良好的网络校企合作氛围,助力平台信用评价机制等。通过平台构建为校企合作提供即时的信息支撑。

(四)设立专项资金,提供经费保障

根据职业教育发达国家的经验,校企合作的经费主要由政府和企业承担。美国 1976 年出台的《高等教育法》就明确规定"独立设立合作教育基金"。德国对职业教育校企合作的经费支持包括"中央基金""劳资双方基金""行业基金和区域基金"等。目前,从总体上讲,设立校企合作专项资金还未形成制度,但部分地区在这方面积累了成功的经验。《宁波市职业教育校企合作促进条例实施办法》明确规定:"市和县(市)区人民政府应当根据职业院校在校生规模和培养成本分别设立职业教育校企合作发展专项资金。专项资金主要由各级财政资金安排,并随着经济和社会的发展逐步增长。"职业院校、合作企业和行业可按规定申报使用专项资金。这项制度为校企合作提供了必要的经费保障,同时也在一定程度上调动了行业企业参与校企合作的积极性,值得借鉴和推广。

## 三、完善法规体系,依法推进校企合作

经过近四十年的努力,我国高等职业教育事业得到迅猛发展,高等职业教育已占据普通高等教育办学规模的半壁江山,为改革开放和经济社会发展培养了数以千万计的高素质技能型人才,为我国科教兴国战略的实施作出了巨大的历史贡献。相较职业教育的发展,职业教育法制建设明显落后,一个突出的表现是法律法规体系不健全,由立法机关制定的职业教育专项法律至今只有一部,即 1996 年出台并实施的《职业教育法》。受当时的历史条件制约,《职业教育法》带有浓厚的时代烙印,操作性不强,此外,对职业教育规律的把握也还不深刻。例如,通篇缺乏对"工学结合""校企合作"的明确规范。在职业教育创新发展的今天,显得质量不高,急需修订。为不断提高高等职业教育质量,为校企合作提供强有力的法制保障,首要的任务是完善职业教育法律法规体系。一是修订职业教育法。根据职业教育的性质和规律进一步提高法律的科学性和可操作性。二是充实职业教育的法律体系。职业教育与社会经济的关系最为紧密,涉及社会的方方面面,一部《职业教育法》是远远不够的,根据相关学者的研究及国外的先进经验,可制定《职业学校法》《职业教育校企合作促进法》等单项法规以及相应的实施细则。三是完善职业教育各类法规。从法律法规体系上讲,狭义的职业教育法规包含职业教育行政法规、职业教育行政规章和职业教育地方性法规。职业教育校企合作法规体系的完善,除专门的职业教育法律以外,还需要建立从中央到地方不同层级的各类法规和规章,从而形成立体式的校企合作法律法规体系。改变以往我国职业教育校企合作过程中,校企合作相关的法律条文过于指导性、概括性和笼统性的缺点,通过国家层面法律的指导,地方制定具体性、可操作性的校企合作保障法规,依法推进校企合作。

# 第五章　构建高等职业教育育人体系

## 第一节　高等职业教育育人体系以就业为导向

新时代背景下，社会对于劳动力的要求出现了变化，国家对于高等职业教育也提出了新的要求。在新召开的全国职业教育工作会议当中，习近平总书记对我国的职业教育表达了自己的期待，在新时代下，高等职业院校要响应国家的号召，树立以人为本的教育理念，不断突出职业教育的特点——职业性、实践性，要将社会主义核心价值观贯彻落实到日常的教育教学工作当中，办出令人民满意的高等职业教育院校，推动高等职业教育的发展。

### 一、学生就业在高等职业教育中的重要地位

高等职业教育是我国高等教育体系中的重要一部分，它面向实践、面向就业、面向一线产业链，具备着实践性、职业性的属性。高等职业教育的属性决定了它必须以就业市场为导向，密切关注就业市场的变化，采取诸如校企联合、产学结合的办学方式。高等职业教育以学生的就业为重，要构建以学生未来就业为导向的育人体系。

（一）就业促进社会稳定

就业在很大程度上影响着一个国家或者社会的稳定，就业问题是最大的民生问题。解决好就业问题，尤其是解决好大学生的就业问题是非常重要的，这关系着我国社会的稳定与发展。我国国土辽阔、资源丰富，但人均资源却很贫乏，如今我国的经济面临着转型，产业机构也发生着转变，人才结构却没有跟上经济发展的步伐，不少大学生面临着"毕业即失业"的困境，高等职业院校在这种情况下，更应该发挥好自己的优势，将人才培养与社会经济发展、相关国家政策、就业市场变化等结合起来，及时调整自己的学生培养计划，让自己培养出的学生更符合社会的需求。在整个社会背景下，推动大学生的稳定就业，也是推动整个社会的稳定发展。

## （二）就业反映教育质量

实践是检验真理的唯一标准。而对于高等教育来说，其办学质量与学生的就业情况相挂钩，这是毋庸置疑的。就业情况包含很多方面，一是学生的就业率，二是学生的就业质量，三是学生在用人单位的发展情况以及用人单位对学生的满意率，这三项综合起来往往能反映一所学校的教学质量和办学态度。当今高等院校持续扩招，很多毕业生面临着就业问题。高等院校如今更要在教学质量上寻求突破，要在教学模式、师资队伍上进行改革创新，多借鉴国外高等教育的办学经验，结合我国现实情况进行改良。教育模式的改革往往能突破现阶段下的大学生就业困境，大学生的就业问题得到解决，社会劳动力得到充分利用，便能很大程度上解决养老问题，这是一个良性循环。就业问题关系着社会的稳定发展和持续进步，就业问题得到良好解决，国家发展进步的速度也能提高。

## （三）就业连接个人与家庭的未来

就业关系着个人的发展和家庭的幸福。对于很多贫困家庭或者农村家庭来说，孩子在高校毕业后找到一份收入稳定的工作，便完成了整个家庭的期待。而个人在高校毕业后有一份满意的工作，也往往能增强自己的自信心，更好地立足于整个社会。因此，学生一定要在高校学习之时不断增强自己的能力，这种能力包含能力技术、工作态度、个人情商、创业意识等。学生在大学期间能够养成这种能力有助于未来的就业甚至是创业，能够为自己创造更多的机会。学生毕业后正式进入社会开始自己的工作，为自己赚取生活费用，为国家创造社会价值，为社会发展添砖加瓦。这个从学生到工作者的转变是极为重要的一步，需要高校不断提升自己的教学质量，帮助学生养成良好的技术与能力。

# 二、从社会和个人出发谈就业

就业对于高等职业教育的开办具有重要的导向作用，能够很好地指引高等职业教育快速高效地发展。对于就业的重要程度有一个清晰的认知能够让我们明确接下来的教育改革方向和具体的改革措施。高等教育院校要以就业为导向、以社会需求为立足点进行教育改革，具体有以下几方面。

## （一）以教育规律为立足点

高等职业教育院校要明确自己的办学宗旨和办学特点，要准确地把握教育规律，以教育规律为自己的办学立足点。院校要加强完善高等职业教育的教育体制，促进高等职业教育向着职业化、实践化发展，推动产学结合、校企合作等模式的广泛应用。高等职业院校要面向社会、面向市场经济、面向国家政策、面向未来、面向学生的就业,不断地凸显自己的实践性和职业性,将教育规律融入其中,重视学生的实习培训。高等职业院校要借助企业的资源,不断改善学生的实习环境,让学生更早地接触现实中的工作环境,提升自己的工作能力,以便在未来的就业之中能占据优势地位。

（二）重视以人为本

以人为本是一种既质朴又合理的教育理念,它主张把教育的出发点和落脚点真正放在学生身上,让学生成为教育的主体。在高等教育院校中,要想真正做到以学生为本,就需要把资金和人力全部投入到教育中去,真切地关注到每一个学生,虽然根据学生个体差异给不同的学生制定不同的培训方案是非常困难的,但是高等职业教育院校必须对"以人为本"的教育理念有一个准确的认知,能够在今后的教育实践之中把这一理念落到实处中去。

（三）全面提升学生综合能力

高等教育必须要办出自己的特色,这样才能让学生在未来的就业市场上占据优势地位。普通高等教育需要学生们系统地学习学科知识,学术性较强,需要教师为学生详细讲解学科知识体系,这样学生们学习的内容就会以书本内容为主,缺乏实践。而高等职业教育也需要学生系统地学习专业知识,但更多的是以实践内容为主,学生们要在高校期间不断打磨自己的职业技术水平和动手操作能力,也要学会与同伴协作、学会灵活地解决工作之中出现的问题。高等职业院校要把握教育的重点,建立产学结合、校企合作的教学模式,增加学生的实训机会,培养学生的职业素养与个人职业道德。

（四）创建"双师型"教师队伍

要想全面提高学生的综合素质,就要培养出高素质的教师队伍。高等职业教育体系面临着改革,培养"双师型"教师队伍,提升教师的实践能力与职业技术水平,让教师具备能够为学生演示设备、操作设备的能力,让学生能够从教师身上学到更多的知识和技能。普通高等教育的教师一般都要具备较高的知识水平,同时也要有高学历,但对于高等职业教育的教师而言,他们更加需要具备的是熟练的操作技能和指导学生更好地完成实训的能力,这两种能力是至关重要的。这种"双师型"教师队伍的培养也能更好地带动职业教育的发展。

（五）教学模式向职业化发展

高等职业教育的学生要通过在职业教育高校的学习提高自己的职业技术水平和职业道德水平,要在高校内积攒相关的职业经验。高等职业院校不能忘记自己的办学初衷,要加强对学生的职业化管理和专业化训练,这样,学生才能真正意义上在高等职业院校中获得真才实学。学校不仅要把学生的职业能力培训放在重要的位置,也要关注学生的职业道德,帮助学生养成良好的职业道德。高等职业院校是院校学生从学生状态转变为专业工作人员状态的重要场所,他们需要在学校中尽快适应这种角色的转变,及时做好相应的心理准备。

### (六)培养全程跟进

经过大量的实践证明,产学结合、校企联合的办学方式能够更好地提高学生的职业技术水平和职业道德水平。因此,学校要制定好"全程培养"的方案,把学生的培养工作看成一个长线条,把每一步的培训工作都完成好。现如今我国的高等职业院校学制一般是三年,在这三年中,学院要对学生进行全程跟踪培养,密切关注学生的学习实践情况。我国有部分地区的学校已经实施了"全程育人"的方案,将学生三年的学习生涯认真做以规划,每年学生的任务不同,学生学习的重点不同,很好地做到了教学工作的全程跟进。这些学校第一年将学生的书本知识学习作为重点,要求学生掌握好相关的技术原理和专业理论,为之后的学习奠定良好的基础;第二年学校会根据学生的专业方向做以调整,让学生更深入地了解本专业的具体情况,专攻本专业的内容;第三年学校会安排学生进行全年实习,提高学生的实践能力和灵活解决问题的能力,帮助学生在正式入职前做好相应的心理准备,及时地调整好自己的状态。

## 三、帮助学生养成持续成长的能力

高等职业院校是学生进入社会的"踏板",学生要在这个"踏板"上完成好自己的学习工作,不断提升自己的职业技能水平。高等职业院校以就业为导向,帮助学生在就业之前养成良好的职业道德和职业技术,也要兼顾培养学生持续成长的能力,具体有以下几点:

### (一)开设职业生涯规划课

高等职业院校为学生开展职业生涯规划课程是非常必要的,这关系着学生是否能够正确看待人生的挫折、能否正确看待社会的发展与个人的成长之间的关系、能否合理地规划今后的人生等。高等职业院校为学生提供良好的学习环境和实训基地,推动学生养成良好的职业素养,为学生提供更好的就业机会,这些固然很重要,但更重要的是,学校要帮助学生形成对人生的正确认知和长远规划。学生需要通过职业生涯规划的课程养成良好的人生态度、积极向上的心态、感恩国家和社会的意识、珍重身边人的意识、不断完善自己的意识、及时抓住机遇的能力、树立远大理想并为之不断奋斗的意识等。因此,高等职业院校一定要重视这门课程的开设。

### (二)帮助学生形成"135791"的人生进度

高等职业院校可以为学生设定"135791"的人生规划目标,让他们按着这个进度去规划自己的人生。高等职业教育一般的学制为三年,而大部分高等职业教育的毕业生毕业时年龄都在21岁上下,尚处在一个对未来感到迷茫的阶段,因此高校教师可以帮助学生树立"135791"的人生规划。

"135791"中,"1"指的是高等职业院校的毕业生在毕业后一年之内对所从事的职业和相关技术已经有了初步的了解,并能够熟练地操作相关设备,完成好工作内容。"3"指的是高等职业院校毕业生在工作三年后能够通过自己的努力在自己的岗位上发光发热,能够取得不错的成绩。"5"指的是高等职业院校毕业生在工作后五年能够独当一面,成为同事和领导赏识的人,争取能够做到出类拔萃。"7"是指高等职业院校毕业生在工作七年后,能够通过自己的不懈奋斗获得相应的机会去其他的岗位或者更重要的岗位上工作,让自己能够对所从事的职业有一个更加全面的认识,为之后的发展做足准备。"9"则指的是高等职业院校毕业生在经过九年的工作后,能够在事业上有所建树,不仅对基础的工作非常熟悉,也能够触类旁通地从事更加复杂的工作,成为部门的主管,在而立之年事业有成。"1"指的是高等职业院校的毕业生在经过努力奋斗之后为自己的一生打好经济基础,为自己一生的幸福平安做好准备。

### (三)以校友会的形式推进学生就业工作

学生们在高等院校读书之时有学生自治的组织——学生会,在毕业后又有校友会这个组织可以与同校毕业生进行讨论交流、共享信息。纵观中外,几乎有名的高等院校都有自己的校友组织,这种组织的存在能够让本校的学生及时了解相关的就业信息、产业动向、经济发展等,为本校学生的就业和创业提供良好的条件。一个优秀的个体往往能带动一个群体的发展,一个优秀的校友也可以通过校友会帮助自己的校友在相关产业或岗位上发光发热,取得事业的成功。学校的学长、学姐可以为尚在学校就读或者已经毕业的学弟学妹们提供就业方面的指导,或者可以介绍一些好的就业单位,帮助学弟学妹们找到一份好的工作。高等职业院校应该多鼓励校友会这种形式的同校学生组织存在发展,以校友会的形式推进学生的就业工作稳步进行。高等职业院校应该以就业为导向构筑我国的职业教育体系,这需要政府有关部门、院校、相关产业企业共同努力、联合共进，共同构建一个完善的高等职业教育体系。

# 第二节　构建高等职业教育立体化育人体系

《国家中长期教育改革和发展规划纲要（2010－2020 年）》提出的"树立人人成才观念，面向全体学生，促进学生成长成才。树立多样化人才观念，尊重个人选择，鼓励个性发展，不拘一格培养人才。树立终身学习观念，为持续发展奠定基础"的要求。对于高等职业院校来说，这是改革现今职业教育体系的重要指导方案。

## 一、打造"千日成长"教育方案

我国的高等职业院校学制一般为三年，学生从入校到毕业大概需要1000 天的时间，在这 1000 天的学习时间中，学生们不仅要提高自己的职业技术水平，也要对人生形成一个长远的规划。高等职业院校可以为学生打造一个"千日成长"教育方案，帮助他们更好地实现自己的目标。

（一）改革创新育人体系

高等职业教育院校实施"千日成长"的教育培训计划，一方面是响应国家的号召，为社会培养出德智体美劳各项符合要求的高等职业人才，实现人才的全程培养；另一方面，高等职业院校也是将育人工作落在平时，实现育人工作的点滴可查，让学生在平日里不断积累实践经验、不断提高自己的职业技术水平和职业道德水平。高等职业院校实行"千日成长"教育方案也是为了适应现阶段的社会经济发展情况，就业市场对人才的要求越来越高，这要求当今的高职院校学生具备良好的职业素养和实践操作能力。因此，"千日成长"的实行是非常有必要的，教育也需要院校将培养计划和育人方案的内容落在平时，只有这样，学生才能真正地学习到知识，提高自己的技术水平。

（二）引导学生制定职业生涯规划

高等职业院校要引导学生形成正确合理的人生规划，为学生开展相关的职业生涯规划课程，让学生在高校就读期间就形成积极的人生态度和奋勇拼搏的精神。高校可以结合"135791"的职业生涯规划模式，让学生树立相关的职业生涯理念，高校学生要争取在毕业后约一年内熟练职业技术；毕业后三年要成为骨干级人物，精通行业技术；毕业后五年成为行业尖子，能够独当一面;毕业后七年能够从事更加重要的技术性工作,实现自身的发展;毕业后九年事业有所成就,为一生的幸福打下基础。

（三）规划科学的管理制度

高等职业院校应该设立合理的管理制度,用科学合理的管理规范学校的秩序和学生教师的一言一行。对此,学校应该响应国家相关政策,制定相应的管理制度与考评制度,确保教育按计划执行,教育质量得到充分的保障,促进学生的健康成长和不断发展,将理论与知识结合起来,在自己的岗位上发光发热。

（四）学校各部门协作参与育人

高等职业院校进行高等教育体制和学生培训方案的改革时需要学校各部门进行协同合作,共同打造一个良好的校园环境和学习氛围。学校的财务部门、科研部门、党委部门、招生部门要联合起来,将资金、人力、物资整合利用起来,做到高效工作。学校着力提高教师素质,凝结各方面的人力,通过部门之间的联合进行课程内容和教育方式上的改革,不断提高教学质量和学生素质。同时,学校也要积极推动创建多样的学习模式,让学生在自主学习和探索之中获得乐趣,能够主动地参与进教学活动中来,与教师形成良好的互动状态。学生要在高校学习过程当中养成"终身学习"的意识,要主动地学习知识、积极地实践,多多探索自己不懂的知识领域,拓宽自己的舒适区。学生不仅要努力提升自己的工作能力,也要养成创业意识,实事求是地对待每一份工作,要学会培养自己的创业意识和探索精神。学院要积极探索,办出自己院校的特色,推动学生教育工作稳步进行。

（五）家庭、学校、社会联合育人

高等职业院校可以将家庭、学校、社会三者连接起来,建立家校联合的教育机制,让家长也在教育之中发挥作用,共同进行学生的教育培养工作,保证教学质量。

## 二、将思想政治贯彻教育工作始终

（一）帮助学生树立正确的理想信念

高等职业教育需要让学校的学生树立正确的理想信念,养成良好的职业道德和社会道德。高等职业院校可以通过多门课程帮助学生学好思想政治教育课,明白个人与社会的关系、家国理念等。同时,高等职业院校可以推进学生自主学习思想政治教育课,主动地参与进课堂之中,思想政治教育课也可以开展更多的活动,丰富授课形式、拓展授课内容。

### （二）帮助学生向"四化"方向发展

高等职业院校要帮助学生向着"四化"方向发展。"四化"指的是学生的品德得到优化、能力得到强化、专业不断深化、形象更加美化,这四点需要学校开展相关的活动引导学生去参加,让他们在活动当中不断提高自我。学校可以开办相关的诚信活动或者红色活动,让学生能够在活动中展示自我形象,提高自身的道德水平。

### （三）帮助学生提高实践能力

新时代的高等院校学生要践行"知行合一"这一理念,因此,高等职业院校要把实践能力的培养放在重要的位置,学校可以通过开办诸如百优百佳、优秀骨干评选等活动让学生们了解到身边优秀的同学,向优秀同学看齐,不断提高自己的实践能力、创新能力、探索能力。

## 三、保障全员育人的实效性

高等职业院校要贯彻落实"全员育人""全程育人"的教育理念,要促进教育各方的积极参与,把教育理念渗透到日常的教育工作之中。

### （一）把对学生的关注落到实处

高等职业院校要把对学生的关注落到实处,不仅要关注学生的学业和就业情况,也要关注他们的生活和心理健康。学校可以为经济上有困难的学生提供助学金,为他们减免一部分宿舍费和学费,鼓励学校教师和中高层领导为贫困学生筹集学费,保障学生能够在校学习。同时,学校也要关注学生的心理健康,可以在班级里设立由学生组成的心理辅导小组,也可以在院系里设立由专业心理咨询师组成的心理辅导处,帮助学生解决心理上的困惑、情绪上的压抑不满等。

### （二）严格考核教师素质与能力

新时代的高校教师需要具备良好的师德,不仅要积极投身于教育工作,也要不断提升自己的素质与能力,高等职业院校要将教师的相关履历作为选拔考核的重中之重,让教师们积极投身于一线的教学工作中去,践行自己的教育理念。

### （三）增进校友间荣辱与共的意识

高等职业院校可以大力推动校友育人模式的发展,用校友间的互帮互助建设优秀的校园文化和大学底蕴。校友间的和谐互助与信息共享能够帮助学校推进自身的育人工作,校友之间荣辱与共、协同共进,能够有效地提升学校的声望。

# 第三节　建设文化校园推进高等职业教育育人工作

文化作为国与国间竞争的软实力,对于民族凝聚力的形成、民族自豪感的形成都有着至关重要的作用。对于文化的了解和学习要体现在教育工作上,高等职业院校不仅要抓好教育这个重点,也要抓好中国文化这个重点。在全球保守主义抬头的今天,相关院校更要把我国的文化学习贯彻到高等教育中去,不能让学生学了技术就忘了文化。因此,相关的高等职业院校要建设好校园文化,在推进技术教育的同时也要推进文化教育,把文化教育贯彻到日常的教学工作之中,建设一个有中国特色的高等职业教育体系。

## 一、高等职业院校文化建设的重点

文化对于一个民族的发展是至关重要的,在当今时代,文化软实力的重要性越来越明显,高等职业教育校园文化建设也越来越被重视。在高等职业教育院校进行文化建设的时候,我们要着重关注高等职业院校本身的特点,具体内容如下。

### (一)符合高等教育特点

高等职业教育与普通高等教育同属于高等教育的范畴,因此在建设高等职业教育文化时,要着重关注高等教育本身的一些特点。虽然当前我国高等职业教育大部分都是由中专技校改建而成,文化底蕴欠缺,且在建设过程中不断扩招,因而相关的制度和教学体系也显得不够完善。高等职业教育要重视高等教育中的学术性内容,打造一个有学术氛围、有文化内涵的高等职业教育文化体系。

### (二)兼具职业教育属性

高等职业教育进行文化建设的同时要考虑职业教育本身的特点。职业教育需要联系现实的经济情况和就业市场的相关情况,不能只考虑以学科和学术建立高等职业院校的文化,也要让高等职业院校文化兼具职业教育的属性,例如市场性和实践性,学校可以通过建设实训基地来建构一个重视实践和探索的高等职业教育文化体系,让高等职业教育融合进一些企业文化和市场文化。

### (三)与产业经济接轨

高等职业教育本身与产业经济的关联比较大,因此,在构筑高等职业教育的文化体系时,与产业经济接轨是非常重要的。高等职业教育应该紧密贴合现实中的产业经济情况,建设一个贴合市场和社会的文化体系,为学生未来的就业助力,让教育更加贴合实际。

### (四)要有地方特色和行业特点

高等职业教育必须要具备地方特色和行业特点,高等职业教育与普通高等教育不同,它更具有职业性,与行业相关也更加紧密,不可避免地要带上当地的特色和一些行业发展的特点。以海南经贸职业技术学院为例,院校中设立的相关海事专业就紧密贴合了当地的地方特色和行业情况,让在其中就读的学生能够在当地找到一份贴合所学专业的工作。构筑具有地方特色和行业特点的高等职业院校文化也能促使院校明确自己的办学方向。

## 二、将校园文化作为高等职业院校文化建设的助燃剂

我国高等职业教育的发展比较短暂,很多制度和体系都不够完善,这期间经历了不同的政策调整和方案改革,对于高等职业教育的建设有一定的推动作用,因此建设高等职业教育文化需要依托同时期的国家政策,建设好高等职业院校的校园文化,以此感染学生,推动高等职业教育的发展。

### (一)重视校园文化建设

高等职业院校要重视校园文化的建设,校园文化作为校园建设的重要一环,不仅要起到美化校园、绿化校园的作用,也要具有一定的人文气息,起到教育师生的作用。高等职业院校建设校园文化要重视它的教育辅助作用,把学校中的物品变为一种精神文化的依托。

### (二)抓住校园文化建设核心

建设高等职业教育的校园文化,要抓住建设的核心,要让整个校园的物态环境变得更加具有人文气息和科学气息,让更多学生主动地了解校园文化,树立良好的理想信念。众所周知,校园文化彰显着学校的底蕴和发展历史,院校要对校园文化的建设更加重视,把校园文化以雕塑、绘画、宣传栏、景观的形式展示出来,把更多的精神内容实体化、变成可触摸的实体内容。

### (三)明确校园文化建设重点

"文化校园",顾名思义,应体现在有形的校园中,即把校园文化化,正是从这种意义上说,文化校园建设首先应当有物质上的投入,首先要有物质文化层面的体现,丰富景观、美化建筑、增加景点、绿化美化都是其重要内容,但是,如果仅把文化校园建设理解为大兴土木,增加建筑和景观,这就歪曲了文化校园建设的本意,也会造成建设误区和投入浪费,因为文化校园建设最终也是更重要的意义在于教育,在于育人,因此,体现人文性,着力营造育

人氛围和环境也许更重要,把案例变成故事,让故事传诵,把成熟的做法、经验上升为制度,演绎成文化则更有意义,就是说,文化校园建设应当是以物质文化为基础的精神文化和制度文化的有机统一,以此影响人们的行为文化。

### (四)稳步推进校园文化建设

文化校园建设可以是一个项目、一个工程、一个阶段性活动,但更应该是出于自觉、源于自发的长期性校园建设,从某种意义上说,学校的每一天、每一项活动都是文化校园建设,从新校区奠基开始,都在推进文化校园建设,文化校园不应是一时一事的,也不应是一年一季的,而应该是长期持续的、永恒永远的。当然,作为一项推动和推进性工作,以一个项目为抓手,做一些比较快而实的实质性推动,或者掀起一个认识和建设高潮,也是有必要和有意义的。正是从这个意义上说,文化校园建设应该是时点、时期、持续的有机统一,不仅仅在于朝朝暮暮,应当共同努力,久久为功。

### (五)多方共建校园文化

文化校园建设看似学校建设的一个侧面或者说一个维度,从学校建设角度分,还可以有学风建设、教风建设、校风建设、党风建设、政风建设、师资队伍建设、干部队伍建设、领导班子建设、大楼建设、景观建设、绿化种树种草、道路翻建更新等,从这一角度看,似乎文化校园建设仅仅是小小的一部分或一个侧面。其实,文化是有边界的,也是无边界的,处处皆文化、时时皆文化、事事皆文化、物物皆文化、件件皆文化、人人皆文化,如果我们把每一件事、每一个活动、每一个小事、每一个会议、每一个报道乃至每一棵树、每一棵草,都赋予文化含义,那么,这种文化必然是自觉的,更可以发挥综合效应,用小投入实现大产出,实现共建共享。

### (六)营造特色校园文化

高职教育作为一个类型和层次,有其基本面,应当有其文化,这就是我们在前面概括过的大学、职教和经济的三位一体和三维融通,在我国高等职业教育发展中,它是一个类型,应体现类型特色,有一般性和总体性特征,然而高等院校又是具体的、多样的,全国有一千余所高职院校,应该百花齐放、千花盛开,形成百花园、万树林。就每一所的建设而言,不仅要有高职特色,还应有区域特征,也要有院校特点,只有在高等教育普遍、高职教育一般的同时,体现类型特色、区域特征和具体特点,文化才可能是持久的,也是真实的,自然是有生命力的。正因为这样,高职文化建设和文化校园建设可以相互学习、相互借鉴,但必须自主探索,因地制宜,创新建设,打造特色。

# 第四节 高等职业教育体系建设与育人模式创新

从作为推进高等教育大众化的重要抓手,到构建高等职业教育体系,这对于中国高等职业教育而言,是一场根本性的变革,或者说这已经成为我国高等职业教育的新常态,它一定要也一定会改变高等职业教育的理念、思想和方法,从而引起整个高等职业教育办学体制和机制的调整、人才培养模式的变革。

## 一、我国高等职业教育在教育体系建设中的主要特征

从作为高等教育大众化的重要抓手,到作为高等职业教育体系建设的一个有机组成部分和环节,我国的高等职业教育肩负着太多的使命,包含着更新的诸多内涵。

### (一)高等职业教育应该是一个综合体

无论是作为一所相对独立的学校,还是一个系统或体系,它的职能和内涵不应也不会是单一的。单就教育自身看,它既承担着人才培养、科学研究、社会服务和文化传承与创新的职能,承担着职前、职中、职后教育和培训的职责,承载着促进就业、推动创业、服务发展的任务,正因为这样,它一定不会是单纯的学历教育,也不是某个层次的学历教育,而是包括利用教师资源的培训等社会服务,利用各类人力资源和智慧的科学研究,而且培训等应占据十分重要的位置和占比。

### (二)高等职业教育应该是一个跨界体

职业教育有其经济的属性,包含着民生的概念,《国务院关于加快发展高等职业教育的决定》中也明确提出,到 2020 年,形成适应发展需求、产教深度融合、中职高职衔接、职业教育与普通教育相互沟通,体现终身教育理念,具有中国特色、世界水平的高等职业教育体系。同时,把产教融合、校企合作作为重要的办学形式,把工学结合、知行合一作为重要的人才培养目标和路径。产业发展所需、产业转型所求、产业升级所指,应该成为我国高等职业教育发展的重要依据,也是衡量高等职业教育质量高低的重要试金石,所培养的人才能否适应社会和产业发展所需,也是衡量教育成功与否的重要标志之一。正因为这样,经济发展有职业教育,职业教育体现经济发展,同步规划、超前考虑、提前谋划,将是国家经济社会发展中对职业教育的应有政策和待遇。

### (三)高等职业教育应该是一个海绵体

海绵体的初始含义应该是具有较强的弹性和吸纳能力。就高等职业教育而言,一方面,作为职业教育体系组成部分和组成环节的高等职业教育是我国高等教育的重要形式、重要内容、重要途径和重要组成部分;另一方面,它自身也是高等职业教育体系中的重要层次,这就确定了它的主要任务不仅在于高等教育质量和总量,而在于高等教育质量和结构,从某种意义上说,结构功能在今后的高等职业教育发展中作用或意义更加明显。这是因为,高等职业教育的发展将决定和影响我国高等教育人才的学历结构、类型结构乃至专业结构等,同时,高等职业教育发展中的政策调整和变化,也将影响我国高等教育的总的效应,这也是为什么一方面用人单位找不到适当的人才,而相当比例的大学生找不好合适的工作的重要原因。正因为这样,高等职业教育发展过程中一定会有许多弹性政策和机制,包括规模、层次、专业、内容等,这或许是说,目前一刀切不允许办本科层次的做法,也不符合弹性要求,自然也不太符合跨界的属性。

### (四)高等职业教育应该更具职业性

人们始终认为,我国的高等职业教育,从诞生那一刻起,就具有高教性、职教性、区域性、行业性、实践性等特点,应该说,在推动教育大众化时期,人们更强调其高教性,由于大部分学校为中专升格,人们更强调办学升格、管理升级,但是作为一个类型的教育,它必然性地要呈现出其类型特征,这就是其职业属性,不仅高等职业教育要更加突出这一点,连新建本科和应用型本科学校,也要实现由传统学科型知识型向职业型的转变,这就是说,我们必须在坚持高教性的同时,更加突出在办学和人才培养上的职业化属性。

除了以上几个特征以外,从高等教育大众化到构建高等职业教育体系来谈发展高等职业教育,多少也包含了在政策上由被动向主动的转变,过去是因为高中生多、上大学难、人才需要短平快,我们必须满足多方面急需,存在急需满足就是质量的情况,而现在,我们可以比较从容地研究人才需求的总量和结构(包括专业结构、地区结构、学历层次结构)及质量要求,从而对发展职业教育作出更为科学合理的决策,也就是说,国家对高等职业教育的发展将更具自主性,实现主动设计、积极发展、大力发展、加快发展,要的是适应需求和结构的质量。

## 二、高等职业教育育人模式创新

前面分析,只是提出和分析了一个命题,作为高等教育重要组成部分的高等职业教育,正在履行第二个阶段的使命——基于高等职业教育体系谈高职,而非基于大众化推进谈高职,因此,高等职业教育发展观及质量观由此会发生新的变化,人才观和评价标准也会相应调整,"多元立交"这个概念,对于高等职业教育质量观的建立和教育教学改革成效的取得特别有意义。

### (一)多元立交与以人为本

如前所述,在体系建设的背景下,学校的功能是多元的、职责是多元的、生源是多元的、毕业生需求也是多元的,因此,教育教学模式也必然是多元的。我们认为,这种多元性正是体现了以人为本的理念,不同的学生具有不同的目标,需要差别化的教育教学、需要因材施教、需要扬长教育、需要特长培养,与此同时,多元也标志着人才需求的多元需求,这需要我们从人才培养规律和社会需求规律相结合的角度去研究需求、发现需求、适应需求、满足需求,创造立交路径,实现立交发展。

### (二)多元立交与育人模式

总体而言,高等职业教育既是类型,又有层次之分。在当前情况下,它处于专科层次,作为类型教育,我们必须坚守并强化最基本的,这主要包括:第一,开放办学、产教融合、校企合作。应该说,开放合作是高等职业教育最为重要的特征和特点,这也是打造类型特色教育的关键,我们既必须在客观上把握,又在微观上落细落小,无论生源多少种类,学生出路多么复杂,我们不能被学科知识教育类同化。第二,工学结合、知行合一、学做一体,培养知行合一的技术技能型人才,应该是高等职业教育不变的目标。通过校企合作,通过打造"双师"结构和"双师"素质的教学团队,营造教学实训化、实训生产化的教学环境,培养知道怎么做能够动手做,做得有质量,这应该是最为重要的。第三,把重点放在面向基层一线的操作性强、直接就业能力上方向不变。也就是说,高等职业教育必须继续贯彻以服务为宗旨、以就业为导向不变,要重点培养学生面向基层一线的思想,具有操作的能力,也就是说,必须具有较强的就业能力,切实提高岗位的适应性、针对性。

### (三)育人模式的创新

从大众化到职教体系建设,毕竟时代变了,使命变了,更重要的是生源也多样了,因此,必须在育人模式上有所调整、有所创新。具体地说,一是要更加注意因材施教。也就是说,要根据不同地域、不同生源、不同需要的学生和发展方向,实施更有针对性地培养。如"三校生"的培养,"3+2"班的培养,创业方向学生的培养,升学方向学生的培养等,都应该有所选择,有所差别。二是要突出扬长培养和个性化培养。传统教育比较注重补短教育和培养，即所谓缺什么补什么，处理得好，会有所成效，但如果处理不好，就会事倍功半，在新的形势下，职业教育应该突出扬长避短、培养特长、营造人人有特长的氛围，把优秀的个性和特长发挥出来。三是要更加重视专业和技能课程。小班化是发展方向，由于生源多样、出路多样，要提高教育培养效果，比较切实有效的方式是小班化，因为小班化可以兼顾统一性和差别性，有利于突出重点，明确要求，提高效果。四是推进更高水平的教育管理。由于生源多样、出路多样，要求我们在教学方案设计上要充分了解中职教育，充分知晓高中教育，同时，由于学生也有升本（包括直接、间接）需求，我们必须初步研究和了解本科教育，至于创业政策，也得有一部分专门的教师、场馆、机构和机制，这对我们建立健全科学及教育管理体系提出了新的要求，对教师队伍的结构和素质也提出了新的要求，需要进行精细化管理。

当前，我们正在学习贯彻全国职业教育工作会议精神，积极探索高等职业教育体系，高等职业教育如何创新发展、提高质量，任重道远，我们当努力作为，在传承基础上有所坚守、有所创新。

# 第六章　新时代高等职业教育的高职本科发展趋势

## 第一节　高职本科的发展内涵

《国务院关于加快发展现代职业教育的决定》中明确提出，"探索发展本科层次职业教育"。所谓发展本科层次职业教育就是发展高职本科。这一决定的发布充分展示了我国对高等职业教育的重视，标志着我国高等职业教育的发展前进了一大步，进入一个新的发展阶段，我国的高等职业教育的发展有了可靠的政策依据作为支撑，同时也表明了未来我国高等职业教育的发展趋势。

### 一、高职本科的内涵

在我国高等教育体系中，高职本科与普通本科是其中重要的组成部分。高职本科，是指本科层次的职业院校，是我国普通高等学历教育中的一种特殊模式，主要包括两个方面的含义：一方面是高等教育；另一方面是职业教育，该种模式下学生获得的学位为学士学位。

根据联合国教科文组织制定的《国际教育标准分类》，我国的高职本科在其中属于教育体系中的第五层级中的 5A 层级。在 5A 层级中包含 5A1 与 5A2 两个部分：5A1 是我国的普通高等本科教育，为 4 年学制，其主要目的是培养学术型人才；5A2 就是我国的职业本科或者是技术本科院校，其目的主要是培养技术型人才。目前，我国发展的高职本科属于 5A2 这一层次，与普通高等本科教育一样，其学制为 4 年，主要是提高学生的技术水平，为社会培养技术型人才。

在国际上，通常将人才分为学术型人才、工程型人才、技术型人才、技能型人才四种类型。其中，学术型人才的培养主要是为研究各种理论，而工程型人才、技术型人才、技能型人才的培养注重技术水平，统称为应用型人才，同时也是如今我国不同类型的高等教育学校的人才培养目标。其中，工程型人才是我国普通本科院校的人才培养目标；技术型人才是我国高职本科院校的人才培养目标;技能型人才是我国高职专科院校的人才培养目标,不同院校的人才培养目标之间具有清楚的界限。因此,各院校应根据实际情况,合理地设置教学目标。高职本科院校的教学培养目标不能只是笼统的概括为培养应用型人才,而是应该着力培养有个性、动手能力强、逻辑思维强的技术型人才。

根据《国际教育标准分类》中对教育的分类,以及国际上通用的人才分类方法,可以将高职本科理解为:高职本科不同于德国的应用科技大学,也不同于我国的以培养应用型人才为主的普通本科高校,它是立足技术,扎根实践,重视技术理论与技术实践的教育,培养技术型人才的特殊高校。高职本科教育的核心功能是"育人",重点培养学生的"技术",这也是将高职本科与普通本科区别开来的主要因素。高职本科的主要内涵就是培养社会需要的生产、建设、管理等的技术型人才,促进地方经济发展,这也是我国高职本科发展的主要目标,符合我国的社会发展进程,在我国现代化经济发展中具有不可替代的作用。

## 二、高职本科的基本属性

高职本科教育是我国高等教育中的一种形式,是区别于普通高等本科教育的一种特殊的教育形式,是我国教育制度随着社会发展的需要而进行的创新发展。进行了制度创新的高职本科院校,不同于我们所知道的传统的教育院校,它拥有职业教育和本科教育的双重属性。高职本科的产生与发展是如今社会发展过程中的必然趋势,是如今高等教育中不可缺少的一部分,它所侧重的人才培养目标是其他普通高等学校无法替换的。高职本科既有普通高等本科教育的基本特征,同时也具有职业教育的鲜明特色,强调对技术理论和技术实践的学习,培养学生的技术能力,满足如今社会发展对技术人才的需求。高职本科不仅是高等教育的重要组成部分,同时也具有职业技术性,是立足于地方经济发展的基础上,满足地方经济发展的需求,是具有我国特色的、培养技术型人才、极具地方特点的高等院校,高等性、职业技术性和地方性是其主要的特点。

### (一)高等性

高职本科是我国特殊的高等教育模式,是为满足我国社会发展的需要而产生的一种教育模式,具有高等教育的基本属性但是又不同于普通高等教育的一种特殊的教育模式。高职本科与普通本科在本质上是不同的,普通本科院校注重学科的发展,注重理论基础、学科体系的建设,注重培养学生对学问的广泛性、深入性研究;而高职本科主要是培养学生的技术能力与素质,注重技术水平的提升,使学生掌握熟练的技术基础,及时掌握该领域内的新技术。由此可见,高职本科与普通本科在本质上具有较大的差别,但是两者都具有高等性,这也是高职本科的重要属性之一。

（二）职业技术性

职业技术性是高职本科与普通本科区别开来的根本所在,是高职本科的特色内容。高职本科的主要目的就是培养技术型人才,提高学生的技术技能和职业技术能力,使学生满足社会发展的需要,使学生找到好工作。同时,职业技术也是高职本科与地方联系起来的核心因素,这也是不同地区的高职本科会存在一定区别的原因。高职本科的职业技术性并不仅仅表现在对某一岗位所需技术的培养,而是基本技术、关键技术、前沿技术等的综合表现。因此,高职本科在培养人才的过程中,要注重学生的全面发展,要将技术原理、技术知识以及技术实践融合在一起,在这一基础上来制定本校高职本科人才的培养方案,提高本校学生的综合素质和技术能力,使学生能够适应快速发展的社会需求,使高职本科生毕业后的发展更为平稳和长远。

（三）地方性

高职本科院校的人才培养要立足于地方的产业发展,为当地的经济发展提供人才,因此具有较强的地方性,这也是不同地区高职本科院校的学科设置以及教学方案等内容上具有较大差距的原因。地方高职院校要积极地承担起为地方经济发展培养相应人才的责任,立足于当地的产业和经济发展,将地方的产业内容和特色与教学结合起来,实现高职本科的教学与地方产业经济发展之间的连接。不同地区之间受各种因素的影响会具有较大的差异,高职本科学校的建设要注意对这种差异的研究,在此基础上促进学校的特色发展,使高职本科成为地方产业经济发展的动力源。

# 第二节　高职本科的发展定位

## 一、高职本科的定位

在对高职本科的价值进行定位时,要从三个维度来进行分析,即立德、立能、立地。立德重在培养学生的德行,也就是做人,是高职本科的定位之魂;立能重在培养学生的做事能力,帮助学生解决"做什么,如何做"的问题,是高职本科的定位之基;立地重在培养学生解决地方发展中所在问题的能力,是高职本科的定位之根。在高职本科的发展过程中,这三方面内容之间是相互联系、相互支撑的。

## (一)立德

在高等教育中,要注重学生的全面发展,不仅要注重学生学术、技能的学习,也要注重学生综合素质的培养。高职本科作为高等教育中一种特殊的教育方式,要注重学生的全面发展。立德是学生全面发展中的重要内容,重在教会学生做人。在高职本科中,立德具有重要的价值,主要是培养有德行的人才,因此,高职本科人才的培养不仅要注重学生的技术能力,还要注重学生的全面发展,使学生获得长远的发展。通过对如今大学教育成果进行分析可以发现,对学生影响最大的不是学生的分数,而是学生在大学教育阶段内形成的习惯、价值、品质、精神等内容,也就是"立德"所包含的内容。在如今的社会中,道德素质是比技术水平更为重要的内容,在高职本科的教学过程中,要注重对道德素质的培养,不仅要让学生掌握工作需要的各种知识技能,而且要让学生提高自身的道德素质。

高职本科中的立德价值,是包括对学生人生观、价值观、世界观等的综合培养,是高职本科学校中必不可少的组成部分。在高职本科教学过程中,要加强"立德"的价值,培养学生积极向上的道德观念,引导学生做正确的决定,发挥学生的潜在能力。

## (二)立能

"立能"价值的主要内容是培养学生的做事能力。高职本科的目标主要是培养技术型人才,因此,"立能"这一价值贯穿高职本科教学的全过程。在高职本科教学过程中,要注重培养学生先进的技术理念,稳定的技术心态,娴熟的技术能力,优良的技术品质。"立能"这一价值贯穿于高等教育中,不过在高职本科和普通本科之间具有较大的差异。在高职本科中,注重培养的是学生的技术能力,重在解决"做什么""如何做"的问题,主要培养的是学生对世界的改造能力;而在普通本科教育中,注重的是培养学生的学术能力,重在解决"是什么""为什么"的问题,主要培养的是学生对世界的认知能力。

因此,高职本科的教学过程中要注重提升学生的技术技能,科学规划技术技能有关的课程内容,制定对应的教学体系,在学生学习的基础上开展教学活动。技术知识的学习是为了满足实践需要,主要包括理论知识和实践知识两个方面,在进行高职本科的教学设计时,要在实践性的基础上进行,合理地安排课程,组织适当的教学活动,使学生对如今社会发展的技术需求有一定程度的认识,培养学生解决问题的能力。

### (三)立地

"立地"价值是高职本科院校价值的落脚点,也是高职本科院校与普通高等本科院校之间的差异所在。高职本科院校是在地方产业经济发展的基础上,开展的教学活动,其立足点是为当地产业经济发展提供专业的技术人才,因此,"立地"这一价值是高职本科院校的定位之根。不同于普通本科院校培养学生的学术能力,高职本科院校的人才培养主要是培养学生的技术能力,其所进行的科学研究,主要是解决当地产业发展中的问题,也就是"立地"问题。高职本科在发展过程中要充分发挥技术研发、服务地方发展这两大特色,在此基础上开展教学活动。

高职本科中的这一价值,决定了高职本科不能盲目使用普通高等本科教育的模式,而是立足于地方企业,实现高校与企业之间的对接,突破社会需要与高校人才培养之间的脱节现象,实现高校学生与企业之间的共赢,实现企业与高校之间的一加一大于二的育人功能。

## 二、高职本科发展的战略要素

高职本科是近年来随着我国社会的发展而逐渐出现的,是高等教育中的一种新型模式。在高职本科的发展过程中,首先要解决的问题就是高职本科的定位问题,只有确定其定位,高职本科才能得到平稳、长远的发展。因此,高职本科的定位问题是其发展中重要的战略要素。

### (一)培养目标的定位:技术型人才

培养人才是高校进行教学活动的主要目的,因此,在开展教学活动之前,首先要明确的就是培养什么人,确定培养目标。培养目标的确定是高职本科院校各项工作开展的核心内容,决定着院校发展的方向,是学校综合各种因素后所达成的结果。只有具有精确的人才培养目标,高职本科院校才能按照这一方向开展各种教学活动,发挥高职本科院校的特色。

高职本科院校在确定培养目标时,要对当地的产业经济发展进行分析,在此基础上来确定高职本科人才的培养目标。对部分企业进行调研发现,多数企业对人才需求的描述较为宽泛,仅仅是使用几个关键词。对高职本科院校来讲,这几个关键词为培养目标定位的确定提供了重要的参考依据,高职本科院校在这些关键词的基础上,结合各种实际情况来确定本院校的人才培养目标。

在企业对高职本科人才培养建议和需求的基础上,可以将高职本科人才的培养目标定位为:高职本科是在高中阶段的基础上开展的具有高等属性的职业教育,其目的是服务地方经济发展,培养综合性的技术型人才。

在高职本科这一定位目标中,"具有高等属性的职业教育"充分体现了高职本科的特征;"高中阶段的基础"表明了无论是普通高中还是职业高中,都必须要具有高中阶段应该具有的文化水平和技能水平;"综合性的技术人才"体现了高职本科培养人才的特殊性,不同于普通本科院校,也不同于高职院校;"服务地方经济"表明了高职本科人才的培养要以满足地方人才需求为基础,在此基础上开展教学活动。

通过对高职本科院校的定位进行分析,有助于我们理清高职本科、普通本科、高职高专之间的关系,明确不同高校人才培养目标的差异。

### (二)服务地方需求的专业定位

高职本科人才的培养主要是为了满足地方产业发展的需要,因此,在确定高职本科的定位时,要将这一因素充分考虑在内。高职本科院校专业以及教学目标的设置是在地方产业发展的基础上确定的,同时,专业的确定是发展地方产业经济的重要载体,高职本科院校要在当地企业对人才需求的基础上来确定专业,解决当地产业对人才的需求问题以及学生的就业问题。在各种类型的高校中,专业的设置主要有两个鲜明的特征,即学术型和技术型,学术型专业的设置主要是对不同的学术维度进行分析,在此基础上进行专业设置,如今多数研究型高校的专业设置都是按照这种逻辑来开展的,在这种专业中,专业主要是为学科服务的,学科是高于专业而存在的;技术型专业的设置是对不同的职业维度进行分析,然后将技术理论与专业知识结合起来,使专业知识与技术理论能够与社会企业的实践联系起来,在高职本科院校中,要根据技术逻辑来设置专业,将技术知识与实践联系起来,使高职本科的教学具有理论与实用的双重属性。

高职本科院校的专业定位具有自身的特点,在设置专业时,要具有以下两点内容:

首先是专业的边界定位。在高职本科院校中,要重视技术性的发展,淡化学科性知识的讲授,强化专业知识的学习。高职本科专业的设置是为了满足当地企业发展的需求,因此其专业的设置应该以当地的产业发展需求为基础来设置专业,而不是按照学科的维度来设置专业。高职本科专业的设置是以需求为驱动,以实践为导向,既要满足社会发展的需要,也要满足行业的需求,充分体现高职本科的特色。

其次是专业的服务定位。高职本科的专业设置主要是为地方产业经济的发展提供服务,因此,其专业定位要突出地方性特点,能够满足当地产业经济发展的需求。高职本科专业的设置要根据实践,不仅要为地方产业经济的发展提供服务,同时也要解决学生的就业问题。这就要求高职本科院校要深入地研究地方企业与文化特色,充分发挥本地的特色,使地方特色与专业融合发展,为促进当地企业经济的发展提供服务。

(三)以工作知识为主导的课程定位

课程的确定是高职本科院校人才培养的首要前提,同时也是高职本科人才培养目标的核心要素。高职本科与普通本科在教学目标上具有本质的区别,因此其课程设置也具有较大的差异。高职本科不能照搬普通本科的课程设置,应根据其人才培养目标进行课程定位,开设各种课程。根据高职本科的特点和相关的目标,可以将其课程定位概括为:以人才培养目标为导向,旨在提升学生的技术水平和职业能力,以工作中需要的知识为主,重点在于提升学生的技术水平,淡化学科本身的存在,促进学生综合技术能力的提升,便于学生以后的转岗发展,能够满足当地企业产业经济的发展。

高职本科的教学设置以提升学生的技术能力为前提,以提高学生的就业率为目的,因此,其课程体系的设置要将实际的工作需要因素考虑在内,要用跨界的视野来构建高职本科的课程体系,使课程的教学与工作串联起来。在高职本科的课程设置中,要充分地将"做、学、教、研"融入进去,其中"做"是指高职本科的课程设置要能够彰显职业技术性;"学"强调的是学生的主体性;"教"体现的是教师的主导性;"研"彰显的是高职本科院校作为高等教育院校的高等属性,这四个字分别从不同的方面彰显了高职本科课程设置的特殊性。在课程定位中,要充分地将企业因素考虑在内,从企业的需求出发,明确校企合作的目标,以此为出发点来进行课程设置,从源头上的课程设置来加强校企之间的联系。

(四)以技术研发为根本的教学研究定位

高职本科的人才培养目标和基本属性决定了高职本科教学研究定位的特殊性。在普通本科院校中,其教学研究定位是提升整体学术和科研水平,而在高职本科院校中,其教学研究定位为技术研发,是为了促进学生的成长以及满足地方产业经济发展的需求。要将教学与科研联系起来,使教学内容转换为技术成果。

以技术研发为根本的教学研究定位充分体现了高职本科的人才培养目标,两者之间是相互联系的,因此其对基础理论的研究较少,教学重点在于教学研究和技术研发,培养技术型人才。因此,高职本科院校的教学研究要将培养技术型人才作为重点内容,加强对技术研发的投入,取消教学与技术研发之间的界限,使教学成果转化为技术成果,为实践活动提供服务。

处理好服务与引领之间的关系是高职本科进行技术研发定位的核心内容,也是高职本科开展教学活动的目标。"服务"是指学校的教学活动能够为社会、行业的发展培养对应的技术型人才,满足社会、行业发展的需要;"引领"是指高校发挥自身高等教育的属性,开发研究先进的技术,引领行业的前进发展,促进行业的发展。因此,高职本科的教学研究要进行校企联合,使学校的教学成果与科研成果能够为地方的发展提供服务,真正实现校企合作,使企业成为高校进行技术与科研成果转换的场所。

（五）教师能力定位:三能型教师

教师在教学活动中起着主导的作用,学生发挥自身主体性是在教师主导性的基础上实现的,因此,在高职本科教学活动中,教师能力的高低能够直接影响教学效果以及学生的技术能力。因此,高职本科院校在选聘教师时,应根据自身发展的特点,有条件、有要求地选择能力较高的教师。在高职本科中,教师不仅要守正,同时也要出新。其中,守正是指教师要具有本科教育的综合能力,具有高等职业教育教师的基础能力,积极地促进自身的发展;出新充分体现了高职本科的特殊性,是指高职本科不能按照普通本科院校的方法进行教师的选配与培养,过分追求学历,而是应该重视教师的能力,突破普通本科院校高学历教师与高职院校的"双师型"结构的束缚,创建适合高职本科的"三能型教师结构模式"。

"三能型教师结构模式"中的"三能"主要是指知识教学能力、实践教学能力、技术研发能力。

知识教学能力是高校教师应具备的基础能力。在高职本科中,教师应具有的知识教学能力不仅包括扎实的专业知识与教学技巧,同时还包括育人方法,不仅教会学生专业技术,同时还要能教会学生做人,能够将复杂深奥的专业知识转换为通俗的语言教授给学生。

实践教学能力是高职本科院校教师应具备能力中的重点,教师只有掌握扎实的专业基础知识,才能教学生掌握专业知识,此外,还要具有较强的实操教学能力,能够言传身教。

技术研发能力是高职本科教师必不可少的能力,是指教师不仅要具有专业的技术技能,还能够根据企业的发展需要,开展技术研究,解决企业发展中遇到的难题。技术研发能力也是高职本科教师与普通本科教师之间的主要区别。

# 第三节　高职本科的发展途径

高职本科发展途径实质上就是发展道路的选择问题。在途径战略选择上，我们既要理性总结各地的实践探索经验，也要避免完全效仿各省的具体做法，要客观把握实践探索的本真，把实践探索成果按"类"进行分析，以此作为高职本科发展途径选择的参考。

## 一、高职本科发展途径的背景

### （一）高职本科发展途径的政策背景

2015 年，《中共中央关于制定国民经济和社会发展第十三个五年规划的建议》和教育部、国家发改委、财政部联合下发《关于引导部分地方本科高校向应用型转变的指导意见》中，明确了我国普通本科高校向技术型院校发展的要求。在 2020 年通过的《中共中央关于制定国民经济和社会发展第十四个五年规划和二〇三五年远景目标的建议》的基础上，教育部对职业教育的发展进行了分析，对职业教育专业的目录进行了调整，印发了《职业教育专业目录（2021 年）》，明确了不同层次的职业教育的专业目录，其中高职本科专业有 247 个。这些政策的出台，极大地促进了我国高职本科的发展。

### （二）专升本实践的发展途径

近年来，随着社会对技术型人才的需求逐渐增加，各地开始对本科层次技术型人才的培养途径进行探索，促进了专升本的发展。

2015 年，新疆印发了《关于加快发展现代职业教育的实施意见》，将本科教育与职业教育联系起来进行试点培养技术型人才，提出了"3＋2"和"4＋0"两种模式，这两种模式都是将本科与高职联系起来，将两者的优势结合，培养具有较强技术水平的、适合社会发展需求的技术型人才。

近年来，重庆市开始注重职业教育，其教育经费的投入也开始向职业教育倾斜，2020 年，重庆市的职业教育院校已经将近 40 所，其应届毕业生初次就业率就达到了 90％以上，如今重庆市职业教育的发展已经开始逐步系统化。

2020 年，教育部与江西省启动共建了职业教育创新发展高地，推动了江西省的职业教育发展。2019 年江西省出台了《江西省职业教育改革实施方案》，解决了江西省职业教育发展中的 20 余项问题。2020 年江西省印发了《关于 2021 年选拔优秀应届高职高专生升入本科学习的通知》，对该省的专升本招生考试进行了优化,使专升本考试更为科学。如今江西省的职业教育发展充分立足江西省的实际情况,将职业教育与江西的产业与文化结合在一起。

近年来,随着国家对技术人才的重视程度逐渐加深,开设专升本的院校也逐渐增加,各省份也相应地扩大了专升本的规模。从目前各地的成果来看,这种模式取得了较好的效果,企业单位对毕业生的认可程度较高。

（三）地方本科高校转型的发展途径

2015年,为促进我国地方本科院校向应用型高校转变,教育部、国家发展改革委和财政部制定了《关于引导部分地方普通本科高校向应用型转变的指导意见》,为我国的地方本科高校的转型提供了依据。

2017年,河北省制定出台了《河北省本科高校转型发展试点工作实施方案》,明确了当地本科高校转型发展的内容。

辽宁省自2015年开始,支持省内多所学校进行试点转型,占到了全国进行试点转型高校的85％,并取得了一定的成果。2017年,辽宁省出台了对应的评价指标体系,促进了辽宁省高校的转型发展,也为全国的高校转型工作提供了重要的参考。

地方本科高校的转型发展不仅是社会发展的需要,同时也是高校发展的需要,是我国教育界的一次深刻革命。地方本科院校的转型也为高职本科的发展创造了良好的环境,拓展了高职本科的发展空间。

## 二、高职本科发展途径的原则

高职本科要想获得长远的发展,需要遵循一定的原则,对高职本科的特点以及社会环境进行分析,可以将高职本科应遵循的原则概括为:类型发展原则、校企合作育人原则、效益最大化原则,具体内容如下。

（一）类型发展原则

在德国,大学主要分为两类,一是学术性大学,二是应用性大学。有学者认为,我国的高校应该分为学术型大学、应用型本科高校和职业技术型高校。不同类型的高校其人才培养目标也各不相同,因此,高职本科的发展要遵循类型发展原则,走高职本科的类型发展道路。

高职本科的人才培养目标是培养技术型人才,满足社会发展的需要,因此融教育性与技术性于一体是其鲜明特征,通过校企合作能够实现这一目标,同时也是实现这一目标的主要途径。高职本科的人才培养目标充分地体现了"立地"这一定位,课程的设置主要是提升技术水平和技术能力。因此,要将高职本科与普通本科在一开始就区分开来,要明确各自的人才培养目标,如果两者之间的界限消除了,那么高职本科就失去了自身的独特性,就可能会被普通本科所替代。因此,高职本科在发展的过程中,要充分地发挥自身的特点,坚守类型发展原则,保持自身的无可替代性。高职本科只有这样才能保持自身的特色发展,促进自身的可持续发展。

## (二)校企合作育人原则

校企合作育人是高职本科的显著特点,同时也是高职本科开展各种教学活动的起点。校企合作是学校与企业之间的资源共享,企业能够为学生的教学与技术训练提供物质基础,学校能为企业的发展提供人才。在校企合作中,资源的共享主要包括:人力资源、财力资源、信息资源和物力资源等。校企合作的主要目的是育人,培养符合企业发展的、具有较强技术水平的技术型人才。校企合作育人是建立在跨界文化的基础上开展的,因此,高职本科的育人体系设置需要将跨界文化元素考虑在内。在教学活动中,要将校企合作育人的思想贯彻始终,合作开发教学课程,将企业的文化以及职业思想与课程活动结合起来,提升高职学生的职业素养。此外,校企合作育人还体现在要建立具有较强技术水平和文化基因的技术研究团队,形成高职本科的独特优势,为企业的发展培养对应的人才,满足企业发展的需求。

## (三)效益最大化原则

效益最大化是高职本科发展的目标,与企业的效益最大化有所不同,高职本科里的效益最大化原则是指充分发挥高职本科的价值。在高职本科中,效益最大化主要包括两方面的内容,一是存量资源的最大化,二是增量资源的最大化。因此,在高职本科的发展中,遵循效益最大化原则主要包括两方面内容:第一是存量资源的转型增效,其又分为投入效益和产出效益,投入效益是指高校在教学活动中所投入的人力、财力和物力,要最大化投入效益,产出效益是指教学质量,也就是学生的学习效果,要最优化,充分发挥高职本科的特点;第二是增量资源的有效开发,是指高校教学活动所培养出来的人才要具有较高的水平,能满足社会发展的需要。效益最大化在西方经济学中主要表现为:以最少的投入获得最大的收益。将其带入到高职本科中,需要从两个维度来考虑:第一是政府决策维度,要对实际情况进行分析,使高校之间的资源合理分配,充分发挥资源的价值,用最小的投入资本培养更优的人才;第二是指学校的办学维度,将资源合理分配给学生,充分发挥资源的价值,让学生花费适当的学费,学到最多的内容,满足学生和社会发展的需求。

### 三、高职本科发展途径的建议

根据高职本科发展途径应秉承的原则,借鉴德国发展应用科技大学和我国台湾科技大学的成功经验,从中国教育国情出发,我国内地高职本科发展途径不能照搬德国和我国台湾的做法,也不可能是一个发展模式,一种发展形态,而是多形态的有效组合,或称"一转两升"组合,即部分地方本科高校转型发展,少数国家示范(骨干)高职院校升格发展,极少数高职院校品牌专业升本发展。

#### (一)部分地方本科高校转型发展

《教育部、国家发改委、财政部关于引导部分地方普通本科高校向应用型转变的指导意见》中对本科高校的转型进行了明确,指出要将高校的办学与发展地方经济结合起来,实现校企合作,提高学生的技术水平,增强学生的创业就业能力。其中,培养技术型人才不仅是高校的办学思路,同时也是高职本科人才培养的目标。从本质上来看,本科高校的转型主要是对办学思想、办学模式等内容的调整,而不仅仅是将大学更名。因此,本科高校转型发展是地方高校的一场转型革命,为此必须聚焦转型的重点、难点,寻求转型发展的突破口。

办学观应从学术型本科高校转型为应用技术型本科高校。办学观念决定办学行动。要让地方本科高校转到应用技术型本科高校这条"跑道"上,首要的问题是破除转型"啃老本"主张,读懂"高职本科的本质",认可"高等职业教育类型"。就转型的基本问题而言,一要弄清楚应用技术型本科高校应该是什么样子;二要弄清楚应用技术型本科高校应该培养什么样的人;三要弄清楚应用技术型本科高校应该承担什么样的办学职能。如果这三个办学的基本问题都没有想清楚、没有理明白,转型就缺乏价值引领,就可能纸上谈兵。

人才培养目标应从学术型人才转型为技术型人才(技术师)。地方本科高校转型须放弃"学术"思维,坚守高职本科"技术"本根,体现实践逻辑之道。其核心要素主要包括:会动脑动手、会技术研发、会一线管理、会多岗发展。这是技术型人才的特质,也是与学术型人才的本质区别。要实现人才培养目标的转型,教学过程必须转向学中做、做中学,学、教、做、研合一,强调"学"为主体,把企业主动参与、校企合作育人作为培养目标达成的根本出发点,实现教学过程与企业生产过程的实质性融合。

#### (二)部分国家示范高职院校升为高职本科

部分国家示范(骨干)高职院校升格发展是高职本科路径选择的基本方

向。从国家政策层面看,高职院校升格发展,目前还是严格控制,升格的门虽然开了,但开得很小;从升格条件要素看,目前我国的高等职业院校开展的职业教育年限较长,已经具有一定的体系,校企之间的关系较为紧密,对于升高职本科的态度也较为积极,无论是招生分数还是学生的发展都取得了较好的成果,因此,将精选过的、满足要求高职院校升为高职本科,不仅是学校发展的必然结果,同时还是社会发展的需求所致。

将优秀的高职院校升为高职本科需要具有一定的条件,只有满足该种条件才可以进行升格,未来经济社会发展所需要的人才层次主体仍然是高技能人才(专科层次的人才)。所谓条件要求,必须是在国家示范(骨干)高职院校中,选择办学基础比较扎实,教学质量持续提升,实践教学资源丰厚,学生就业前景良好的学校升格。升格学校的比例应控制在 20%~25%,也就说,在国家示范(骨干)高职院校中,有 40~50 所高职院校可以升格为高职本科,办本科层次职业教育。

国家教育主管部门要制定高职院校升格的国家标准。教育主管部门要根据经济社会发展趋势、产业转型升级、新兴产业发展对技术型人才的急需,顶层设计升格的国家标准。与普通本科学校设置暂行规定的不同点是,严格规定升格发展的路向要求,即高等职业教育,严格掌控好发展的数量比例,防止发展过程中一哄而上、盲目升格现象,确保高职院校升格的质量。

高度重视教师队伍建设。提升高职院校一代又一代人的质量,最核心的要素是提高教师的质量。从政府层面,要整合优质资源,做好顶层规划,系统设计高职本科教师的素质与能力标准,安排好教师质量提升的"政策路径图"。从学校和企业角度看,要坚持合作培养、问题思维,在教师教学团队及其带头人、技术研发团队及其带头人培养上实现重点突破,着力培养一批能从事专业教学、能从事实践教学、能从事技术研发的"三能型"教师队伍。教师教学与科研水平的高低、能力结构的优劣将直接决定高职本科发展质量的好坏。

### (三)极少数高职院校品牌专业升本

高职院校品牌专业升本(3+2)全国各省(自治区、市)都在进行试点。试图通过试点,逐步积累升本经验,探索升本规律,完善升本制度。但从试点的专业看,目的并没有完全达到,专业层次虽然升本了,但专业发展类型却"变道"了,跑到了普通高校学科型专业的"道"上,因此,品牌专业升本(3+2)必须坚守类型,理性回归,严防"变道"。

选择好专业升本的地方本科高校。高职院校品牌专业升本,关键在选对地方本科高校。地方本科高校必须是已被纳入转型试点的高校,且是认同高等职业教育类型的高校。专业升本本质上是一种类型升本,不是层次升本。因此,专业升本既不要跟风,也不能迁就,更不能好高骛远,而是要理性回归,立足两个学校的共同志向、专业优势、课程资源,找准两个学校专业培养目标的吻合度,专业口径的宽窄度,实现专业精准升本。这样既不浪费教学资源,也能延续学生的学分积累,又能确保高职本科人才的培养质量。

按照地方发展需求掌控专业升本规模。根据区域经济社会发展对高职本科人才的需求,瞄准"中国制造 2025""互联网+""大众创业万众创新"等国家战略重点和战略性新兴产业发展急需,选择办学基础比较扎实的国家示范(骨干)高职院校的品牌专业(群)进行专业升本试点,在高职院校办四年一贯制专业。专业升本不是高职本科发展的主体,因此,需要掌控好专业升本的规模,更需要掌控好专业升本的质量,着力培养合格的高职本科人才(技术型人才)。

人才培养方案要契合高职本科的培养目标。培养目标主导人才培养方案,人才培养方案决定人才培养质量。专业升本的四年制本科人才培养方案必须以高职院校为主导制定;学生的四年学业必须在高职院校完成;四年制的实践教学安排必须满足人才培养目标的要求,并按照工学交替的实践教学模式进行。否则,培养的人才只能说是学科型本科生,而不是用人单位所需要的技术型本科生。

高职本科从概念的提出到政策的出台,经历了长达十余年的艰辛探索,今天它已站到了发展的风口,迎来了前所未有的发展机遇。面对机遇,需要我们用创新的理念,智慧的眼光,实打实的行动,克服前行中可能遇到的各种路障,科学把握高职本科的内涵,精准高职本科发展定位,创新高职本科发展路径,踏踏实实地办好具有中国特色、技术特征、地方特点的高职本科高校。

# 第七章 新时代中国高等职业教育的国际化发展趋势

## 第一节 中国高等职业教育国际化发展的动因

　　对中国高等职业教育国际化发展动因的探索和研究,目前主要集中在宏观和微观这两个层面。从宏观的角度来说,推动高职教育国际化的主要推动力量有技术移民、相互理解、能力建设、增加收入等。有学者认为,自20世纪90年代之后,政治力量、文化交流、经济驱动、教育发展要求、人类和平追求、信息全球化、国际组织的推动等都为高职教育的国际化发展提供了重要的推动力量。从微观的角度来说,教育机构的总体发展情况、师生发展、质量提高、科研及知识成果、网络和策略联盟等都不同程度地促使高等职业教育变得更加国际化。从全球的高职教育现状可以知道,高职教育步入国际发展轨道是必然趋势。而对于不同国家来说,高职国际化发展的内在动因也有着极大的区别:西方国家的高职教育实施国际化发展的根本目的是增加经济收入,赚取外汇;发展中国家的高职教育实施国际化发展的根本目的是提高教育水平,培养更多优质的国际化人才。

### 一、高等职业教育的属性决定了其国际化的必然性

　　我国高等职业教育已经度过了规模化发展阶段,目前已经顺利进入内涵发展阶段,在长期的发展历程中,其教育作用及地位逐渐凸显并受到人们更多的关注,高职教育的"层次"及"类型"也慢慢地有了十分明确的含义。目前人们已经形成了受到普遍认同的观点,即职业教育是一种特殊的教育类型,它具有相对独立性,其内部容纳着有秩序的发展空间,例如初等职业教育、中等职业教育、高等职业教育,而这些职业教育之下又可以进一步划分成不同的层次。毫无疑问,高等职业教育始终保持着其突出的时代性和服务性,并且相较于普通高等教育来说,职业教育在组织形式、所处环境、学科设置等方面都具有自身的特色。另外,高等职业教育具有"三重属性",即高等性、职业性和教育性,这决定着高职教育在其发展历程中定然会与国际

接轨,实现国际化发展。

## (一)高等性

在职业教育的诸多类型之中,高职教育处于较高的层次,相应地其人才培养的目标和要求也要高于其他类型的职业教育。由此可知,隶属于高等教育范畴的高职教育,唯有和国际接轨才能够符合其当前的层次定位。

如今全球化趋势渐趋明朗,无论是教育还是经济都呈现出鲜明的国际化趋势,另外国家之间的交流合作也日趋频繁,国家之间的人才往来也已经成为常见现象。1998 年 10 月,联合国教科文组织在巴黎召开了以"21 世纪的高等教育:展望与行动"为主题的世界高等教育大会,呼吁所有国家必须正视高等教育国际化的进程,强调"国际合作和交流是促进全世界高等教育的主要途径"。联合国教科文组织的文件和宣言表明,世界范围内的高等教育进入国际化的新时期。由此可知,无论是对当下社会还是对未来社会来说,国际化都是必然会出现的一种趋势,唯有真正走上国际化发展道路,高职教育才能进一步提升其高等教育水平,推出更加完善的教育机制。

## (二)职业性

高等职业教育具有突出的职业性,该特点是由其所属的类别决定的,也正是这一点使其和普通的高等教育产生了明显区别。从全球科技发展情况可以知道,为了提升国家各方面实力,各国都开始走出国门和其他国家展开积极交流,将其他国家的先进事物引入本国,通过了解最新前沿动态来指导本国科研等方面的现代化发展;在交流中将国外先进的技术、设备等引进国内,令科研状态更加先进,争取在研究手段及方法上达到世界的顶尖水平;在较为重要的科研项目方面,各国更是签订协约通力合作,共同实现科技方面的突破及进展。由此可知,当前的科技发展早已步入国际发展的快车道。在此基础上,为了培养更多符合市场需求的技能人才,高等职业教育更应当紧跟国际发展趋势,及时更新和调整其人才目标及人才培育方法,促使学校的"职业属性"具有更加鲜明的国际特点。

因为高职教育具有突出的职业属性,所以它和经济发展存在着极为紧密的关联。可以说高等教育的发展情况能够给社会经济发展带来十分重要的影响。自 20 世纪中期开始,发达国家就在国家战略中纳入了高职教育,以此来推动本国各种新型产业的迅速发展。历史发展进程表明,教育领域诸多方面的变化往往会引起产业结构的相应改变,甚至可以说在一个国家内,其教育知识结构和产业结构是彼此对应的。但在当前的情况下,中国尚且处于劳动密集型的产业结构中,并且在诸多方面的制约之下,中国难以在短时间内转变为技术密集型的产业结构。为了承受人口压力和就业压力，中国在短期内仍旧要发展劳动密集型产业，为人们提供足够的就业机会，避免出现大量的失业人口。但实际上，教育反作用于经济的发展，高职院校是高级技术人才的重要培养基地，它没有依照技术密集型产业的发展要求及时对教育目标等进行调整，也是其发展在一定程度上滞后于时代发展的重要原因。当前，我国提出了新型的工业化战略目标，主张对人才结构加以调整和升级，培养更多的技能型人才，为响应国家号召，高职院校定然要对自身的教学水平、质量、规模等方面进行适当调整。在现代社会，高职院校唯有加强和世界上其他国家的交流，以产业升级、经济发展为依据来调整人才培养方案，才能够契合"中国制造 2025"和现代服务业等新型产业的人才培养标准，尽早尽快地提供产业升级需要的人才。

职业性特征也决定了高等职业教育在人才培养方面始终坚持就业导向。当今社会，通信、运输等行业都变得更加发达，人才有着极大的流动性，目前很多技术技能人才已经实现了国际迁移，而该现象在未来会变得更加普遍。在此种国际大背景下，高等职业教育要对学生的迁移能力加以培育和提升，让学生知道国际社会的一些基本规则和惯例，并且提升学生的外语水平，切实增强其国际交往能力。所以，为了切实增强人才的职业竞争力，高等职业教育必然要将国家化教育内容添加到当前的教育体系之中，变革人才培养标准，真正提升学生的综合素养。

（三）教育性

教育性是高职教育的内在本质属性，高等职业教育的实施宗旨自始至终都是"培养人"。在当今时代，高职教育作为我国总体教育的有机组成部分，教育的国际化发展自然也会推动其步入国际化发展轨道。

在 21 世纪的教育领域，必然要面临的一个趋势就是国际化。高等职业教育要想实现进一步的生存和发展，就必须要走上国际化发展道路。也恰恰是在此种背景下，我国开始将国际化发展脉络融入不同层次、不同阶段的教育活动之中。

## 二、高等职业教育的使命决定了其国际化的必要性

高等职业教育隶属于我国的国民教育体系，它实际上承担着一定的经济任务和政治任务。随着高职院校的内涵更新和规模扩大，其在整体的教育体系中扮演着不可替代的角色。

（一）政治使命

教育实现国际化发展能够在一定程度上帮助国家实现政治主张。部分

国家为了提升自己的综合国力和国际地位,积极推动高职教育的国际化发展,并借此为自身其他政治目的的实现奠定基础。从我国的角度来说,国家利益是高职国际化发展的基础和前提,我国在高职教育领域积极开展国际交流,实现教育的国际化水平提升,目的在于缩小和发达国家的教育水平之间的差距,使我国职业教育达到世界一流水平,从而为我国的社会主义现代化建设服务。

### (二)经济使命

教育国际化为了达成经济使命,往往会采取下列方式:首先,培育国际化人才,为经济发展储备更多优质人才资源;其次,开展国家间的教育贸易,借此来达成一定的经济目标,但此种活动的开展需要国家自身拥有其他国家不可比拟的教育资源及教育力量。

经济全球化和高职院校的教育国际化之间具有必然的逻辑关联,经济全球化通过各种形式将企业的生产或者销售工作分派给其他国家,因此在企业一线人才需求方面必然存在着突出的国际化要求,而这定然会反过来推动高职教育的国际化发展。另外,在世界经济逐渐联结为一体的今天,产业结构的调整自然会引发技术结构、工作技术含量等方面的变更。综合而言,在当今时代,技术进步、产业机构变更、人才培养标准调整、职业发展变化等都迫使我国高等职业教育采用新型的人才培养方案及模式。

在此基础上,高等职业教育应当自觉地肩负起发展当前社会的经济使命。借助国际化的人才培养方案、培养方式、培养结果等进一步助力经济全球化趋势的发展。

### (三)文化使命

目前,高等教育院校在文化传承及创新方面发挥着不可替代的作用,俨然成为社会"提取"思想和知识的"宝地",它有力地推动着我国科技等诸多方面的进步,是我国社会发展不可缺少的一个助推器。对于高等职业教育来说,对文化进行传承和创新的能力及水平决定了学校自身的"软实力",并且内在地决定着高职院校的发展水平及发展途径。

在全球化已成必然趋势的今天,高等职业教育要想实现文化的传承及创新,也要积极主动地走上国际化发展道路。在网络极为发达的今天,地球变成了"地球村",即便相距遥远,不同国家间的交流也能够在瞬间实现,这为国家之间的文化信息交流提供了极好的便利条件。国家在对自身的文化传统进行保存和传承的过程中,也应当全面、深入地了解别国文化,并将他国的优秀文化融入自身文化之中,令本国文化得以丰富和发展。在文化传承方面,高职院校实际上担负着重要责任。一方面,当前的国际竞争渐趋激烈,一个国家要想在竞争中始终占据优势地位,就要对其他国家发达的技术、科技等进行学习和吸收,令本国综合国力得以进一步增强,这是当前国家发展必然要面临的一个课题;另一方面,整个人类社会需要时刻应对涌现出来的诸多问题,这些问题仅靠某个国家的胆大独到是无法实现妥善解决的,唯有多个国家联合起来共同应对,才能真正解决好这些重大的人类问题。所以,为了发展本国力量、确保人类整体利益不受到损害,就需要高等职业教育院校积极地走出国门,和世界上的其他"兄弟"院校加强沟通合作,真正让各种技术、知识、文化、管理等在国家之间流动起来,并且学校要始终保持宽容的态度对待外来文化,积极借鉴其中的先进之处,共同推动人类社会的和谐进步,让世界在和平的前提下实现前所未有的繁荣发展。

高等职业院校的文化传承及创新重点集中在"工业文化"方面,工业文化的别称是产业文化,工业文化的产生基础和源头是工业化的生产方式。详细而言,工业文化涵盖了下列几层含义:第一,它是对无数企业文化的萃取和凝结;第二,当前主要产业体系在经营、生产、管理、服务等方面所出现的变革;第三,经济发展所需合格人才的意识和行为规范;第四,内蕴着工业文化精神的法律条文和制度政策,以及对工业发展起到推动作用的外部环境。高等职业教育具有相对独立性,它在国际化发展历程中需要肩负起一定的文化使命,为我国文化的传承创新做出贡献。

### 三、高等职业教育的生存决定了其国际化的必需性

世界各国的高等职业教育尽管有着不一样的形成过程,但它们的一个共同之处在于它们形成于国际化进程之中。若是国际化趋势被抑制,那么可能当前世界上就不会存在这么多知名的高等职业院校。全面、立体、现代的国际化办学,令学校综合实力得到了大幅度的提升,并且令学校声名远播,在世界上赢得人们的认同和赞誉。对于当前的高等职业院校来说,国际化已经成了必须具备的一项基本特征。一方面,它们在国际组织的支持下将校内的优质师资力量派遣到其他国家,对其他国家提供相应的教育帮扶;另一方面,积极邀请其他国家的优秀学者或者学生来到本国学习和工作,通过这种方式加强不同国家人才的交流机会。与此同时,积极参与国际上的教育互动,例如合作开展科研项目、学者互访、学生互换、联合办学、教师互派等。另外,它们还通过增设国际教育课程、向国外选派大量留学生、开办海外分校等形式培养既了解本国文化又了解外国文化的国际型人才。

我国的高等职业教育起步于 20 世纪 80 年代,发展历程相较于其他国

家来说较短,虽然近年来其内涵及规模都有大幅度发展,但从全国范围内来看,其作用、地位仍旧未得到人们的普遍认可,要想进一步实现高职院校的价值彰显,给其提供更大的发展空间,还有很长的路要走。尤其在全球化时代,他国的职业教育发展给我国的职业教育带来了巨大的压力和挑战。为了更好地落实职业教育改革工作,我国应当形成现代化、可持续化的办学理念,将他国的教育经验运用在我国职业教育的改革实践之中,真正构建开放式教育模式,让从高职院校中走出来的现代化技术人才更符合国际市场的需求。

# 第二节　中国高等职业教育国际化发展的风险

高等职业教育领域所呈现出来的国际化趋势和全球化趋势,主要是受到全球的国际化和全球化趋势的驱动及影响。也就是说,全球化阶段的出现为高职教育的全球化发展提供了优良的外部条件和必要条件。然而,当前我国的高等职业教育的国际化发展尚且停留在起步阶段,要想实现全球化还需要付出更多艰辛的努力。为了顺利地应对全球化给高职教育所带来的一系列挑战,相关院校和部门就要事先对其发展进程中可能遇到的艰难险阻展开具体、深入的分析,清晰地认识到这些风险可能造成的影响,并且提前制定出针对性的应对策略。

## 一、中国高等职业教育国际化风险的概念与特征

中国高等职业教育国际化风险是指由于各种内外部因素导致中国高等职业教育在国际化进程中遇到的不确定性以及遭受损失的可能性。高等职业教育国际化是教育领域极为关注的一项投资活动,其中不可避免地会存在一定程度的风险。

中国高等职业教育国际化风险详细来说有着如下特征:一是客观性,相关领域所开展的任何投资活动定然会造成利弊得失,这就使得高职教育国际化的整个过程中都需要做好面对风险的准备,也就是说风险是客观存在的;二是可控性,若是在国际化进程中高职院校能够构建起有效的预警系统和风险识别系统,那么落实改革行动的相关人员就能提前对风险做出预判,并采取针对性措施避免高职教育遭受不必要的风险,避免这些风险给高职教育的国际化进程造成阻碍;三是不确定性,因为高职教育的国际化进程会受到诸多方面的影响,所以其国际化进程往往充斥着不同类型的风险,并且这种风险往往是无法提前预测的;四是动态性,因为使高职教育面临风险的

影响因素有多种,并且这些影响因素往往是变动不居的,所以它们可能引发的风险也时刻可能发生变化。

## 二、中国高等职业教育国际化发展的风险类型

由于种种因素的影响,中国高等职业教育国际化过程中会面临各种各样的风险。

通过目前对国内外高等职业教育相关风险的总结,可以将其归纳为:高等职业教育国际化与本土化相冲突的风险;国家教育主权面临被弱化的风险;高等职业院校经费投资不足加剧国际化的经济风险;商业化风险;现存高等职业院校的招生状况和模式与人力资源需求不适应的风险;中国高等职业院校的研究能力与高等职业教育国际化培养能力之间差距的风险;文化风险;法律风险;监管风险等。这里将以上诸多风险概括为政治风险、经济风险、供求风险、文化与法律风险以及监管风险。

### (一)政治风险

#### 1.高等职业教育国际化与本土化相冲突的风险

高等职业教育国际化的概念有着极为广泛的含义,并且在不同国家其概念的内涵及特色也存在着较为明显的区别。我国高等职业教育国际化在落实的具体过程中,有很多国际上的中介机构、教育组织等涌入中国,部分商业性质的组织在进行授课、宣传等过程中,会将他们国家的部分思想意识融入其中,从而渗透到中国市场上。尽管长期以来中国始终保持和其他国家之间的文化沟通,但从本质上来说,在思想及人文精神方面不同国家之间是有着明显区别的。发达国家在实施高职教育的时候,往往会将本国教育特色、语言文化等存留其中,在国际交往日趋普遍的今天,外国文化更是能够轻易地传播到中国大地,在此种背景下,高职教育能够更轻易地吸收外来文化,但同时也面临着一定的文化隐患。换言之,在全球化背景下,中国高职教育要想走上国际化道路,可以借鉴其他国家相关方面的教育模式、教育方法,但切忌僵化地将外国教育模式生搬硬套在中国的职业教育上,要在国际化进程中始终注重对中国文化的保留和宣扬,要用批判的眼光看待其他国家的教育。

#### 2.国家教育主权面临被弱化的风险

在跨国的情况下实施高等职业教育,往往会在同一时间产生国际性教育组织和地区性教育组织,并且这两种组织一般处于共存状态。在对高职教育国际化诸多问题进行协调的时候,国际性组织要求国家将一定教育决策权交给它们,因此在国际化进程中,一些国家在教育方面的职能、主权等

被交到其他组织手中,不再集中由国家管控,由此国家所拥有的教育主权就不再像以往那样强大,主权国家相应的教育权利进一步转向国际教育组织。另外世界上存在着部分超国家组织,它们能够影响国家内部政治生活,并且这种影响显现得愈加明显,这些机构和组织在将先进的价值观念、文化教育理念等传播到国家的同时,也给国家的政治及思想意识造成不同程度的影响。当国家的教育主权要求受到高等职业教育全球要求影响时,国际教育组织和其他跨国教育机构就希望国家的主权要求从属于教育国际化的要求,从而在促进高等职业教育国际化的同时削弱了国家教育主权。虽然,在全球化教育体制下,中国的高等职业教育国际化是以一定的规则为基础,是权利和义务的平衡,但这些基础规则之间无疑也会存在着许多空隙,这些空隙会为教育霸权的存在提供可乘之机,也为国家教育主权的沦陷设下了陷阱。

## (二)经济风险

### 1.高等职业院校经费投资不足加剧国际化的经济风险

在国内生产总值中,通过查看财政性教育经费占据的比例可以知道,国家在教育方面是否投入了足够充分的经费。尽管当前我国财政性教育经费指标已经达到了一定的水平,但是分配到高职教育领域的财政经费仍旧存在着不足的情况。经过较长一段时间的发展,高职教育有了显著发展并且教育成绩也较为出色,但是相较于高等职业教育的发展速度来说,院校在基础建设方面存在着一定的滞后性,因而高等职业教育的发展并不具备坚实、稳固的基础。政府的教育经费投入与高等职业教育办学规模存在严重的倒挂,并且最大的问题是发展不平衡。尤其是民办高职院校并没有专项财政拨款,在教育资金投入方面明显低于其他高职院校。另外,当前很多高职院校更多地依靠政府拨款来获得办学经费,经费获取渠道过于单一,并未充分挖掘社会资源吸引经费投入,在一定程度上减缓了高等职业教育的发展速度。另外,部分高职院校为实现教育部的某些办学标准,在学校的改建、扩建方面花费了大量人力、财力,尽管这使学校有了更好的办学条件,扩大了学校的知名度、得到上级相关部门的认可,但在建设方面投入过多,就必然要降低教师及员工的课时费或者福利待遇等,这样无疑会令学校陷入财务紧张的状态之中。高等职业教育要走上国际化道路,就要聘请外籍教师、与其他国家合作开展交流项目,但在资金匮乏的情况下,高职教育的国际化发展就定然要面临更大的经济风险。

### 2.商业化风险

在经济全球化这一宏观背景下,中国高等职业教育的国际化进程可以说步入了"快车道"。发达国家拥有更加丰富的优质教育资源,所以发达国家在高等职业教育领域中占据着主导地位,他们借助职业教育能够实现较为客观的经济收入,但是带有商业性质的高等教育,为了保证足够的收入,学校在学费金额设置方面往往十分昂贵,这从某种程度上来说是对民众受教育权利的一种损害和剥夺,违背了高职教育的普适性特征。一些世界知名院校和国际教育的中介机构都被人们视作商业机构,它们实施教育活动的目的就在于获取经济利益。尽管从总体上来说,高职教育系统不会全然转变成商业化,但是其市场化发展趋向定然会给精神活动发展空间造成一定的挤压,甚至令总体社会观念的正常发展受到负面影响。另外,在信息技术持续腾飞的今天,涌现出了很多网络大学,很多发达国家开始将分校设置在中国,此种联合办学实际上为发达国家教育国际化事业提供了直接、便利的途径。

（三）供求风险

**1. 高等职业院校的招生状况和模式与人力资源需求不适应的风险**

高等职业教育将培养符合社会和市场需要的技能应用型人才作为其主要育人目标,但如今社会以相当快的速度向前发展,其对人才的要求也可以说是瞬息万变,因此对社会需求人才的类型及数量进行预判就成为高职院校必须面对的重要课题,特别是如今高职教育已经经历了较长时间的发展,其毕业生的就业形势毫无疑问比以往更加严峻。长期以来,我国都将分数作为评判学生的硬性标准,而国外高校则以成绩、能力这两项标准为依据对生源进行筛选。在高职国际化发展历程之中,我国在较长一段时间内所招收的可能是一些高考成绩不理想的学生,并且生源的数量也存在下降趋势,部分高职院校甚至无法顺利达成招生目标。在这种状态下,高等职业院校学生是否能成为新形势下未来所需的国际化人才,这构成高等职业教育招生状况和模式与国际化人力资源需求的供求风险。

**2. 中国高等职业院校的研究能力与高等职业教育国际化培养能力之间差距的风险**

目前,相较于世界上一流的高职院校,中国高职院校尚且存在着一定的差距,这种差距在科研能力方面体现得较为明显。高等职业院校是一个重要的人才培养基地,因而它需要拥有一支优质的师资队伍,但是当前我国很多高职院校师资数量不足,师生比例无法达到国家标准,与此同时即便学校拥有一部分"双师型"教师,但是这些教师在能力、素质方面都并不十分出色,因而对教学水平提升、人才培养质量提升方面无法起到有效的推动作用。另外,我国部分高职院校也聘任了部分外籍教师到校任教,但是因为这些外籍教师流动性大、在教学上精力投入不足,所以他们也未能改善当前的师资状况。毫无疑问,在短期内高职院校的教师无法大幅度地提升其科研能力,因为这种提升需要时间和经验的积累以及经费的投入。所以可以说,将来我国高职院校的研究能力和高职国际化培养能力之间存在着一定的教育风险。

### (四)文化与法律风险

#### 1.文化风险

高等职业教育的一个重要使命就是通过教育手段让学生形成对社会文化的自觉追求,其功利性相对较弱,并且应当充分认识到,让高职教育走国际化发展道路,并不意味着就是将西方教育模式和理念等直接套用到我国的职业教育领域。不同国家和民族在制度、文化、语言、环境方面可以说是千差万别,它们在改革高职教育时,所关注的重点及内容也自然存在着较大差异。而对于中国高等职业院校来说,步入国际化发展轨道,其根本的内在要求就是始终保持文化自觉和文化自信,让国际上的多元文化实现和本土文化的和谐发展。

在实现国际化发展的过程中,高等职业教育必须要面对的一个问题就是多民族文化的碰撞及融合。但应当明确的是,对于中国高职院校来说,民族化始终居于核心地位不可动摇,国际化是无法将其替代的。所以,为了实现高职教育体系的国际化,一方面,要从自身民族特点出发构建特色教育体系,让自己在国际教育论坛上呈现出鲜明的民族化特点,从而占据一定的地位;另一方面,为了融入国际教育的论坛及竞争氛围,也要对西方学术话语加以学习和应用。如此一来,在革新高等职业教育的具体过程中,不可避免地要应对民族化、国家化、本土化之间的协调及融合问题,而这种碰撞和融合无疑又会造成一定的风险。

#### 2.法律风险

在推进国际化发展的具体进程中,高等职业教育也面临着法律方面的风险:在开展对外交流中签订各种合同的合法性;学校的自身权益维护问题,包括知识产权、学校的名称权、商标权等争议和纠纷;国际交流与合作中外籍教师聘用的法律问题;高等职业教育国际化中的教育收费问题;各级教育行政部门与学校之间、跨国界教育机构与举办学校、学校与本外籍教师、学生之间的各种复杂的权利义务关系等。高等职业教育无论遇到何种情况和问题,都应当诉诸法律手段,依照法律予以处理和解决,由此可知,高职教育在国际化进程中承受法律风险已经成为必然现象。

（五）监管风险

**1.现行监督管理部门职能缺失**

中国高等职业教育体制是以党委为核心、校（院）长负责制的组织管理机构，形成了党群组织系统、行政组织机构、教学科研组织机构三大组织管理体系以及学术委员会、职称评审委员会等非编制性机构。若是高职院校属于公办性质的，那么政府在学校办学方面拥有一定的权力，从而令学校在办学方面无法拥有全部的自主权。办学自主权的此种空置现象使得学校在办学理念、功能发挥等方面受到一定的阻碍。另外，管理组织始终遵循政府的指导，在这种情况下部分学校会出现官僚主义现象，从而对科研、教学方面的注重有所弱化，不利于学校改革的积极推行。如此一来，高职院校的教学质量不仅无法得到有效的提升，并且在学校国际化的发展过程中还会面临着一定的监督管理风险。

**2.高等职业教育质量监管亟待完善**

在中国高等职业教育改革历程中，教育质量保障正在成为一项重要而艰巨的任务。2017年国务院转发《国家教育事业发展"十三五"规划纲要》，其中明确将"提高高等职业教育质量"作为"十三五"期间主要任务之一。党的十九大对教育提出新的要求，即现代国民教育体系将更加完善，终身教育体系基本形成，全民受教育程度和创新人才培养水平明显提高。《国家中长期教育改革和发展规划纲要（2010－2020年）》提出，"要全面提高高等职业教育质量，到2020年建成一批国际知名、有特色、高水平高等学校，若干所大学达到或接近世界一流大学水平"。从高职的长期发展来看，除了要持续对高等职业教育规模加以扩张，让社会对高职教育的现实需求得到满足，另一方面也要不断改善教学质量，切实让质量监管发挥出应有的作用，这是对高职教育国际化过程中的风险加以防范的重要举措。

## 三、中国高等职业教育国际化进程中的风险规避

### （一）政治风险规避策略

进入21世纪以后，经济全球化进程的持续推进也促使中国高职教育步入国际化的发展轨道。由此可知，时代总体发展趋势和中国高职教育的发展之间存在着十分密切的联系，高职教育往往以当前社会的发展目标、政治态势为依据对自身发展情况进行调整。另外，通过高等职业教育的改革过程可以知道，在很多情况下其变革都并非自动自发的，而是受外部环境所驱动。在经济全球化形势已经十分明朗的今天，中国高等职业教育被动变革

的惯性成为高等职业教育国际化风险凸显的基因,也是引起中国高等职业院校以及相关教育机构危机的导火索。

所以对世界和中国目前的发展状况进行明确探索,及时依照时代情况调整高职院校发展战略,是高职教育国际化发展过程中免于遭受政治风险的重要措施。为了更加清晰地对世界总体态势加以把握,中国高等职业教育在始终注重民族化、本土化发展,并对他国先进文化进行萃取和吸收的同时,还要积极落实下列举措:

**1.多途径实现信息收集**

如今多媒体已经发展得十分成熟,高职院校和相关国际机构能够使用更多的媒体途径实现信息的传播,并借由多种媒体渠道获取世界各国最新发展态势,特别是要准确地判断国际政治发展情况,并根据现实理性地对将来的发展发现和发展情况做出预判,这样就能够对中国高等职业教育国际化进程中可能遇到的问题做好相应的准备,以免意外发生时仓促应对。

**2.通过专家做出专业预测**

高职院校的相关机构要聘请学者、专家到校开办讲演活动等,并组织相关工作人员和专家、学者们展开交流、探讨,从而对当前的政治形势有更加明确的把握,特别是涉及国际冲突、国家主权、文化碰撞及教育主权受到影响等政治因素的时候,要立即予以回应,避免这些潜存的政治风险给中国高等职业教育国际化进程带来阻碍。

**3.商定友好的合作共处协议**

对于有着长期合作经验和有长期合作意向的国外院校及相关教育机构,中国高职院校可与其签订长期合作协议,在此基础上彼此形成和谐、友好的关系,为高职教育国际化的长期优良发展奠定基础。

(二)经济风险规避策略

**1.吸引外资和民间资本应成为高等职业教育经费的重要来源**

在制约高等职业教育发展的诸多因素之中,相较而言经费的制约作用较为突出,而高等职业教育在推行国际化改革的过程中定然需要一定的资金投入,这无疑令教育成本大幅增长,令高职教育面临着更加突出的风险。减弱投资带来的国际化风险的途径有很多,比较有效的方式之一就是政府投资,但是因为义务教育、各项目建设等本身就需要投入大量资金,因此政府在高职教育国际化方面的拨款数额可能十分有限,因此高职院校国际化改革的需求通过这一途径无法得到充分的满足。如果通过提高学杂费的方式来增加学校收入、缓解财政资源不足的问题,无疑又会进一步加重学生家庭的负担。所以,为了令高等职业教育国际化进程中能够长期取得较为充足的资金,较为可行的措施就是将外资、私人资本等引入该领域。

应当明确指出的是,高等职业院校要想通过吸引外资的方式推进自身的国际化进程,那么首先就要树立开放的办学心态,切忌被传统办学思想所束缚。将他国资本和机构引入我国高职教育市场,有利于我国更好地借鉴他国先进的办学经验,在认识到其优势的基础上争取实现取长补短。通过吸引外资和民间资本等方式增加教育经费的过程中,要在办学理念、管理方式、师资团队组建、学校未来发展等方面进行科学指导,确保其在获取理想的经济效益的同时获得一定的社会效益,从而有效地推动高等职业教育国际化的改革进程。

**2. 遵守相关政策,约束国际化中的纯商业化动机和行为**

我国制定的《国家中长期教育改革和发展规划纲要(2010－2020 年)》(以下简称《规划纲要》)明确提出:"坚持以开放促改革、促发展。开展多层次、宽领域的教育交流与合作,提高我国教育国际化水平。"同时,《规划纲要》还强调要"提升我国教育的国际地位、影响力和竞争力。适应国家经济社会对外开放的要求,培养大批具有国际视野、通晓国际规则、能够参与国际事务与国际竞争的国际化人才"。当前,我国教育国际化进程正处于加快发展的阶段,贯彻实施《规划纲要》、推进教育国际化进程,最为重要的是科学审视我国教育国际化现状,把提高我国教育国际化质量作为工作之重。该《规划纲要》集中体现了对跨国公司、媒体集团等国际教育中介机构以及国内高等职业院校的权利与义务的监督,约束高等职业教育国际化中的纯商业化动机和行为,让中国高等职业教育国际化改革有法可依、有章可循。在经济全球化机遇中要积极应对挑战,减少纯商业化动机和行为风险,实现国际化改革的真正目标与大学文化价值理念。

**3. 制定和完善地方法规,赋予投资者合法的权益**

对高职教育相关法规加以完善,并且争取在政策上给予高职院校投资主体一定的倾斜,例如对税收、信贷等政策进行一定调整。另外,要确保投资者的合法权益不受到损害,尽量利用行政手段减少其束缚,在项目审批方面,缩短审批时间,让投资主体拥有更优良的外部条件来落实办学活动。

**(三)供求风险规避策略**

**1. 实施新型高等职业教育招生模式**

高等职业教育和普通高等教育的招生时间存在着重叠现象,这样一来,很多高考失利以及成绩稍弱的学生就都涌入高职院校,而生源质量在很大程度上决定了高职院校的发展速度及发展质量,并且生源质量偏低可能会加大高职院校国际化进程中的办学风险。在这种情况下,要想实现我国高等职业教育的顺利发展,单单靠增加投资、消除局部风险、提升教育水平已经无法实现,最根本的措施便是对招生模式加以变革,令市场人才需求得到更好的满足,并且也能够令高职教育国际化进程中所承受的风险有所下降。

**2.改革课程设置和教学方法**

当前,相较于发达国家的高等职业教育来说,我国高等职业教育在教学方法、课程设置方面仍旧存在着一定的不足。发达国家的高等职业教育往往会设置当今时代的前沿课程,并且其课程种类多样,在教学手段上,实施小班制教学,多使用互动式、研讨式的教学方法。要想切实在国际化背景下提升我国高等职业教育的水平,培养出更多有创新性、独立性、思考性的人才,就必须要落实相应的措施对当前高职院校的课程体系、教学手段等进行革新。

首先,在教学改革过程中将课程建设作为核心工作。在课程安排上,在设置通识课程的同时也把研讨类、前沿类、就业类、语言类等课程安排妥当,另外学校要及时对所设置的课程进行梳理,若是课程已经落后于时代,那么就要立即将其撤掉,更换为当前在国际范围内受到认可的前沿课程,真正让学生接触世界先进思维和文化,提升学生的先进性。

其次,对教学方法进行持续变革。当前我国的高等职业教育主要采用的仍旧是教师讲授法,对学生的主体地位认识不足。这种教学模式下教师主导课堂,学生参与度、积极性不高,和教师交流过少,学生的创新思维、批判性思维得不到充分发展,所以说当前所实施的传统教育模式是制约高职院校现代化人才培养的一个重要因素。要不断革新现行教育模式和教学方法,积极将研讨式教学、案例教学引入高等职业教育课堂。另外,在革新教学方法的过程中不可心血来潮,只在短时间内进行“教学实验”,而是要真正将这种改革持续落实下去。在教学模式方面破除僵化思维,可从学生特点出发,灵活采取多元化的学习模式。多元模式的应用能够促进师生和生生之间的交流,提升他们对问题进行发现、探索和处理的能力,并且让他们从内心更加关心和热爱集体。另外,在高等职业教育方面,为进一步深化改革,还可以积极引入现代远程教育。学校要确保教学方面资金充足、设施配备齐全,让师生能够借助现代化设备接触更多的国内外优质教育资源,让他们不出校门就能够感受高等职业教育国际化背景下的教学。

**3.制定师资培养的相关政策,不断提高教师科研创新能力**

《国家中长期教育改革和发展规划纲要(2010—2020年)》中提出“以中青年教师和创新团队为重点,建设高素质的高校教师队伍”。在高等职业教育改革的具体过程中,居于主体地位的当属教师,他们是培养人才的关键角色,教师的教育理念、教学能力、科研能力、组织能力等在很大程度上决定着最终的学生培养水平。目前,高等职业教育有着多种类别的教师岗位,这种划分令教师的积极性有所提升,从而在科研领域投入更多的精力,但客观指标有着一定的阻碍作用,无法真正实现教师的人尽其才。所以,为了将教师的才能和主动性充分发挥出来,高等职业教育院校可以制定严格的考核评价标准,对教师在科研、教学方面的成绩做出评价,对教师团队实施分类管理,让教师真正发挥自身能力,为达成高职教育总体目标而不断努力。

### (四)文化与法律风险规避策略

#### 1.打造中国特色主流文化

在高等职业教育国际化改革的具体过程中,除了要构建中国本民族的教育体系,还要争取参与到国际教育学术论坛之中,而这无疑会给中国本土文化带来强烈的碰撞,造成极大的挑战,令中国民族文化面临着重构的风险。世界文明是各种各样的民族文化所组成的,而西方文明仅仅是世界总体文明中的一部分,无论何种民族文化,它们都处于平等共存的状态。所以,在高等职业教育国际化进程中,人们应当认识到不同文化的平等性,真正树立起文化多元共存的理念。另外,随着全球化大潮的来临、信息技术的飞速发展,国家之间的来往愈加频繁和密切,令文化同质化的倾向变得更加明显。在此种大背景下,我国应当始终秉持着"和而不同"的理念来构建本国的主流文化。由此,人们应当将文化视野扩展至全球范围,破除民族偏见所造成的文化壁垒,真正对文化发展和交流规律加以洞察和探索,打造有中国特色的文化体系,在此基础上推动本土文化的转型,在汲取优质外来文化的同时实现文化升级,真正令高等职业教育实现本土化、民族化、国际化这三个方面的统一,从而在一定程度上减弱国际化道路上可能出现的文化风险及法律风险。

#### 2.发扬地区优势,规避地区劣势

在高等职业教育水平方面,我国不同的省(区、市)存在着一定的差异,因而国际化进程中它们所面临的风险程度也有所区别。所以,为了令不同地区的教育水平变得更加均衡,比较可行的举措便是发扬地区优势、规避地区劣势。举例来说,北京、上海等地拥有数量众多的高职院校高技能、高素质人才,应当鼓励他们充分发挥人才优势;中西部地区在区位、资金、人才等方面相对来说处于弱势,因此要通过强化制度建设和改进政策来规避弱势,打造出更加优良的高职教育环境,营造出质量更高的文化及法制氛围。

### 3.建立知识学习联盟

知识学习联盟的建立能够推动高职教育实现其基本能力和价值,令其具有更强的竞争力。知识学习联盟有较多优点,例如其学习活动设置较为灵活,无须面临较大风险,无须较多经济投入,并且有着较高的学习效率。详细而言,高职学校可以通过组建专家智囊团、建立国际教育培训机构等方式来实现这种学习联盟的打造。在全球化趋势不断深入的今天,高职教育院校和相关机构应当积极实现资源共享、优势互补;共同在知识、技术层面落实创新工作;借助合作和积极创新,令自己具有更强的竞争力。

### (五)监管风险规避策略

#### 1.改革行政管理机构职能

在高等职业院校实施文化建设工作的过程中,需要监督和管理组织提供助推力量、发挥保障作用。高等职业教育始终遵循以人为本的理念落实工作,力求培养出更多符合国际化发展形势的创新型人才。高等职业教育国际化改革,首要的是对政府主导管理体制加以改革,让高职院校及投资主体在办学、治学方面拥有更多自主权,特别是要对民办院校予以政策方面的倾斜,让合作办学、国外教育投资等成为可能,让院校在激烈的竞争环境中谋求更好的发展。在管理体制方面,行政级别设置应当逐渐被废除,在对管理人员进行聘用和考核时把科研能力、教学能力作为重要指标,如此便能够有效地避免腐败问题及官僚主义等的发生。

#### 2.构建高等职业教育风险研究机构

高等职业院校在科研、教学方面投入了大量的精力,而在风险预测和应对方面有所忽略。国家和相关部门应当对该方面加以重视,通过构建高等职业教育风险研究机构来辅助高职院校的相关工作,科学预测院校在国际化改革中可能面临的风险,并针对这些风险事先提出具有可行性的解决策略,从而避免院校因承受过大风险而无法实现自身发展。

#### 3.严格执行对外教育开放纲要

《国家中长期教育改革和发展规划纲要(2010—2020年)》第三部分第十六章中,已从三个方面对扩大教育开放作出规划。第一,借鉴先进的教育理念和教育经验,提升我国教育的国际地位、影响力和竞争力。适应国家经济社会对外开放的要求,培养大批具有国际视野、通晓国际规则、能够参与国际事务与国际竞争的国际化人才。第二,探索多种方式利用国外优质教育资源和吸引优秀留学人员。第三,从多方面不断提高国际交流与合作的水平。只有保障中国高等职业教育办学的质量,提倡鲜明的办学特色与建立高水平的教师队伍,加强完善对分支院校的管理,才能实现上述国际化教育目标，推进中国高等职业教育国际化的进程。

中国高等职业教育国际化进程中，高等职业院校的职能与政治、经济、社会、文化等功能可能会发生冲突，存在一定的风险隐患。高等职业教育不该仅仅追求国际化功能，而应该兼顾协调各种利益关系，力求识别并规避各种风险，做到"防患于未然"。

# 第三节　中国高等职业教育国际化发展的对策

## 一、高等职业教育国际化发展的战略愿景

我国始终将教育强国当作重要的战略目标，并力争打造出在国际上具有一定知名度的高职院校。目前，很多高职院校仅仅在国内较为知名，但放眼整个世界，其知名度和地位仍旧有待提升。看国家高职教育国际化究竟处于何种水平，仅在国内比较难以得出准确的结果，因此需要将国内高职院校和世界上其他国家的高职院校进行比较和竞争。唯有打造国际知名的高等职业院校，才能够说我国高职教育的国际化有了跨越式发展。

综合而言，我国高等职业教育在国际化发展进程中，应当始终保持国际视野，始终遵循推动社会进步、促进民族振兴的原则，力争实现世界资源的优化配置，实现多元化和民族化的有机融合，真正塑造出世界知名院校，达成教育强国目标。只有做到这些，我国高职教育才能达到更高的国际化水平。

## 二、高等职业教育国际化发展的运行机制

### （一）资金保障机制

受计划经济的影响，我国高等职业教育长期以来所推行的是"政府供给制"。国家的财政拨款水平在很大程度上决定着高职院校的办学思路、基础建设、发展规划、办学水平等。随着如今市场经济的不断发展，尽管相较以往来说高职院校有了更多的财政资金来源，并且在办学方面的自主权更加充分，但是政府拨款仍旧是高职院校获取资金的主要渠道。此种资金机制实际上阻碍着高等职业教育在现代社会的国际化发展。

要想切实构建起我国高等职业教育国际化发展的资金保障机制，就要切实做好以下三个方面的工作：第一，政府增加教育资金投入，尤其是在高职院校国际化发展方面，给予更多的资金扶持；第二，高职院校要积极增加资金获取渠道，例如银行贷款、吸引社会投资等，应当明确的是，相较于院校

自办企业来说更加提倡施行"产学研"模式;第三,让每一笔资金都具有更高的利用效率。所以,国家相关部门应当完善资金监督机制,对高职院校的资金使用情况予以严格监督。高职院校自身也要做到财尽其用。

(二)高等职业院校组织保障机制

自 20 世纪 80 年代以来,我国对高职院校的行政管理体制已经做了多次调整,但是受以往计划经济体制等方面的影响,目前高等职业教育的行政管理体制仍旧存在着诸多不足,这通常表现在有突出的行政化倾向、学校办学自主权不够充分等。

我国应从两方面深化高等职业院校行政管理体制改革:一是大力推行高等职业院校管理人员职员制度。《中华人民共和国高等教育法》第四十九条规定:"高等学校的管理人员,实行教育职员制度。高等学校的教学辅助人员及其他专业技术人员,实行专业技术职务聘任制度。"教育部于 2000 年开始组织职员制改革试点工作,通过推行高等院校管理人员职员制度,淡化高等院校的行政意识,突出学术自由和学术权力。二是转变政府职能,扩大高等职业院校办学自主权。目前我国在政府主导办学的体制下,形成国家集中计划、统一配置资源、政府直接管理的制度安排。对于高职院校来说,这些机制的存在实际上对其发展造成了明显的阻碍和束缚。如今国际市场竞争已经进入白热化阶段,要想根据市场情况及时调整计划、落实措施,就要求高职院校拥有更加充分的决策权和行动权,真正扮演竞争主体的角色。由此就应当对政府和高职院校之间的关系加以调整,赋予院校更加充分的自主权,让它们在对外交流方面具有较强的开放性。

(三)师资力量保障机制

推行高等职业教育国际化自然离不开充足的师资力量的支持。高等职业教育国际化发展,从本质上来说就是开设规划课程、培养国际化人才、实现学者的国际化交往、推动研究覆盖国际范围,无论哪一方面,都离不开专业教师的配备和保障。为了切实搭建起国际化运行机制,国家要推出更加宽松的人才引进政策,高职院校本身也要积极培育有国际化视野和能力的师资力量,适度引进外籍教师。另外,在教师考核方面,高职院校可以将双语教学能力、外语沟通能力作为重要指标。唯有各个层级真正对该问题予以重视,并将相关措施落实为书面的政策和文件推动措施落实,才能够真正培养出推动国际化进程的师资力量,切实在高等职业教育国际化进程中搭建起优良的师资力量保障机制。

(四)世界范围内科研合作及交流的实践机制

当前,高职院校在操作世界范围内科研合作及交流的实践机制方面有所偏差。首先,只关注引入,不关注输出。很多院校片面地将国际化等同于请外籍教授到校讲学或开讲座。毫无疑问,邀请国外专家到校传授知识和作报告是走向国际化的必然途径,但是国际化的内涵绝不仅限于此,它还覆盖了学生交换、国外分校、课程设置等诸多层面。高职院校要和国外其他高校构建沟通渠道、形成合作关系,可以通过互换教师、学生交换进修等方式增进彼此的交往,让国际化进程真正落实到实践中。其次,多落实学生交流项目,而对科研项目的国际化合作有所忽略。在国际化进程中,学生及教师互换仅仅处于初级阶段,属于表面的国际化方式,要想将国际化向更深层次推进,就必然要寻求国家之间的资源共享和科研项目合作。最后,在实施国际交流项目的过程中有突出的盲目性,不考虑学校质量和交流成本地来落实交换项目。在中外交流过程中,对于那些价值小、成本高的项目,高职院校应当尽量避免。另外,所选取的合作交流院校应当在世界范围内具有较高的知名度,若是对方院校实力较弱,那么即便进行合作交流可能也无法推进高职教育的国际化发展。所以,在对世界范围内科研合作及交流的实践机制进行构建的具体过程中,要兼顾引入和输出,换言之,既要围绕部分基本项目展开互动交流,又要实现资源共享,共同合作完成部分有价值的科研项目。

### 三、操作视角下高职教育国际化发展的宏观调控

从操作视角来看,高职教育国际化发展的宏观调控具体涵盖了下列几个方面:

第一,在国内将国际化办学规划明确制定出来。也就是说,国家在对国际化战略目标进行明确之后,为了促使目标的达成,要在实施层面对目标进行分解和量化,并将最终的实施方案呈现出来。要在全国争取建立高等职业教育国际化研究理论体系,实现对国际化进程中的问题总结、经验汇总和理论思考,令高职教育的国际化发展相关知识形成特定的体系。另外,在此基础上搭建研究成果推广体系,让这些成果真正对社会发展起到推动作用。从实践的角度来说,对于高等职业教育的国际化,要明确其发展需求、调整相关政策及制度、总体革新我国的教育和培训体制;要在人才引进和人才交流方面予以政策倾斜;深化相关课题研究,加大对国际化的宣传力度等。

第二,借助宏观调控方式引领国内高职院校打造特色优势专业,增强其在国际上的竞争优势。若是部分专业具有民族特色,那么国家就可以给予相应的扶持和政策优惠,真正推动其国际化发展。应当指出的是,国际化的含义并非单纯地对他国优秀文化进行吸收,它还包括着我国优秀文化的对

外传播；高等职业教育的国际化发展应该成为我国特色高等职业教育和国外特色高等职业教育的优势互补过程。要顺利达成该目标，从宏观层面上说国家就要针对目标制定相应的战略方针，并积极开展调研活动，让那些有民族特色专业的高职院校依托特色专业实现国际化重塑，从而让他们有更丰厚的资本投身国际化大潮之中，为我国高职教育的国际化发展开创全新的局面。

第三，打造高职教育国际化发展特区。换言之就是将经济特区的发展思路应用在高职教育的国际化发展领域。具体来说，国家可以引导创建高等职业教育特别发展区，这些特区的建立需要达成下列条件：首先，对当地高职教育进行彻底革新；其次，提升高职教育的对外开放程度，不在对外交流方面设置过多束缚，吸引更多他国的资本和院校进入我国；最后，该地区要具备扮演此种国际化角色的能力，因为部分经济特区本身具备较高的国际化程度，所以可以尝试将高等职业教育特区设置在这些较为开放的沿海城市。达成上述条件之后，在特定教育领域要进一步实现外国资金、教育、智力、管理模式等的引入。

第四，在部分地区尝试特许学校的建立。特许学校就是由国家或者教育主管部门特别批准的主要以进行国际交流和合作为主的特办高校。学校合作项目可以是个别的或全方位的，办学模式可以是中方主导外方协助，也可以是中外合作模式。但相较于普通高校来说，特许学校具有更高的起点，在招生方面也更加严格，因为它是中国高等职业教育国际化水平的代表。特许学校的成立离不开政府的财力支持和相关教育部门的协助。此种学校在政策和环境下都较为宽松，可以国际管理为依据来实施管理和教育工作。另外，其教师聘任和招生工作都不再局限在本国范围内。此种模式如果能够顺利落实，那么会在我国高职教育的国际化进程中起到极为有效的促进作用。

第五，广泛推行国际学历认证制度。毫无疑问，在高职教育国际化的进程中，国际学位认证、国际学位互换、国际学分互认等都是必然要推行的重要举措。但是，当前我国仅有部分学校获得了此种资格，其他很多高职院校仍旧沿用传统的学历认证模式。因此我国要进一步深化国际人才培养合作，让各国学历彼此承认，从而令高职院校更好地与国际潮流相融合。从该角度来说，国家主管部门要对该问题予以重视，并积极落实好协商工作，争取令更多院校实现国际互认。成立"全国高等职业教育质量保证和认证中心"，推动我国各质量保证机构、认证机构之间的沟通，并将相关信息传播至世界其他国家，强化国家之间在认证方面的沟通及合作，让出口教育项目实现更进一步的发展。

## 四、高等职业教育国际化发展的外部环境

高等职业教育国际化发展要同时兼顾内在因素和外部环境两方面。若是仅注重调整内在影响因素,而不积极改造外部环境因素,会让内部政策的落实和推行受到极大的阻碍,不具备较强的可行性,从而阻碍预期目标实现;若是仅注重对外部环境的改善,而忽略国家内部诸多因素的变革和调整,那么也不利于目标的达成。唯有同时落实好两方面的工作才能够真正推动我国高等职业教育实现国际化发展。

将 PEST 模型应用在高职教育国际化发展方面可以知道,其外部环境影响因素通常是下列四点:

(一)国际政治环境

进入 21 世纪后,国际政治环境总体来看趋于稳定与和谐,但也不乏局部的紧张与动荡。现在世界范围内,政治领域会呈现出多元化格局,多个力量中心崛起并处于相互制衡的状态。在这种时代背景下,我国仍旧在确保独立自主的同时推行和平外交政策,并且随着中国社会、经济、科技等方面的飞速发展,我国在世界政治舞台上拥有了更多的话语权,在世界范围内占据着一席之地。

(二)国际经济环境

目前,国际经济环境总体仍旧呈现全球化和区域经济一体化趋势。21世纪之后,国际贸易和投资的自由化、统一劳动市场的建立、跨国公司的发展共同促成了经济全球化趋势。为应对经济全球化的挑战,越来越多的国家和地区倾向于加入自由贸易区来加快区内贸易和投资的自由化,促进经济增长,如欧盟、东盟、北美自由贸易区等。在国际金融危机下,虽然以美国为首的多数发达国家虚拟经济受到了重创,实体经济也遭受很大的负面影响,但是全球化和区域经济一体化的大趋势不会发生转变。在这个大趋势下,世界经济的联系性和相互影响程度会越来越大,我国作为世界经济大国,与世界经济的联系性和相互影响程度也会不断提高,这会直接或间接影响到我国高等职业教育国际化的发展。

国际总体经济形势在很大程度上影响着我国的国际贸易情况和就业情况,并且也令经济的其他方面受到一定影响。在此种背景下,我国应当不断对现行的经济政策加以优化和完善,让我国经济始终沿着良性轨道实现发展。另外,为了减少在国际贸易领域出现的纠纷和突发问题,我国可以制定更加完备的对外贸易政策,从政策制度层面为对外贸易提供重要保障和良

好的铺垫。

（三）社会文化环境

从社会文化的层面来说，下列方面可能会影响到高职教育国际化进程的推进：

第一个因素是文化教育传统，文化和教育之间有着十分紧密的关联，中国悠久的传统文化往往在很大程度上影响着我国的教育理念、教育形式等，我国高等职业教育自然也会受到文化传统的影响。在历史发展进程中，孔子在教育方面主张"有教无类"，对指导我国教育领域发展发挥着重要作用；宋代开始出现书院，并且在教学方面更加追求自由，这在官办学堂兴盛的时代扩展了教育空间，丰富了教学精神；近代以来，很多先进的教育思想涌入我国，对我国的教育发展起到了重要的推动作用。

第二个因素是人口因素。人口因素通常有两个重要的属性特征：一是质量；二是数量。质量指的是人类在道德、文化、身体方面呈现出来的素质，数量则具体指的是人口规模。在当前社会，我国尚且有部分人口问题存在，例如密度大、数量多、老龄化趋势明显、就业压力大等。并且从教育水平方面来说，总体仍旧处在较低的水平。这些不利因素无疑会对高等职业教育国际化发展起到一定的阻碍作用。

第三个因素是社会事业和社会结构。在社会发展进步的过程中，人们也有了不同以往的消费方式，特别是城市居民有了更强的消费能力，其消费结构、消费质量相较以往有了较大的改善；在消费结构上，有更多的资金支付在教育领域。总体而言，无论城市或乡镇，居民收入都有大幅增加，人们也更加注重在教育方面的投入，各级各类的发展情况良好；劳动就业岗位在不断增加，并且涌现出很多新型岗位；国家政策给予教育领域更大的支持。由此可知，当前我国高等职业教育国际化有着良好的发展背景，应当从时代现状出发把握发展机遇。

（四）科学技术环境

当今世界科技的发展趋势可以具体表述如下：科技成果不断更新迭代；科技成果转化所需时间相较以往来说更短；科技发展有了更加突出的跨学科性；出现了更多的新兴科目；国家和国家之间的科研合作更加密切和频繁。

一方面，科技需要借助教育渠道实现其传承及发展，教育能够推动潜在的科技生产力转变成现实。所以，在科技飞速进步的今天，高等职业教育所需要承担的任务更加急切和繁重。首先，高职院校服务于地方社会及其经济，并且也发挥着重要的科研职能，其科研职能的发挥能够推动我国科技发展,而通过国际化进程的推进,高职院校可对国际数据信息、人才、设备等加以利用,从而令本校的科研水平得到进一步提升。其次,科技发展需要更多高素质、高水平劳动力,因而人才的知识结构也要发生相应的变革。因此,高职院校在培养人才的过程中要持续深入地改革,不断扩大开放,对世界文明成果加以积极吸收;最后,信息技术的出现令教育方式发生了明显的变革,在网络环境下,人们有了更加丰富的获取知识和受教育的渠道。

另一方面,科技发展进步令高等职业教育的国际化有更多优质条件可以利用。科技与教育的融合使得教育领域发生了很多重大变革,这些变革涉及教育内容、模式、观念、手段等诸多方面,其高等职业教育国际化发展方面所发挥的作用也不容忽视。首先,现代科技的到来从思想层面改变了人们的教育思想及教育观念;其次,科技发展不断更新教育内容,将更多前沿知识和最新研究成果添加到教材之中,让学生在传承传统文明成果的同时也触摸到时代发展的脉搏,了解更多科技领域的前沿信息;最后,科技发展使教育方法和手段出现了明显的变化,当前网络技术、电子通信和教育有了密切结合,学生能够通过更加多元的方式获取教育机会,尤其是在现代科技支持下涌现出了一批网络学校,这是教育国际化发展的一种新形式。

"中国高等职业教育国际化发展的对策及建议"提出了我国高等职业教育国际化发展的战略目标规划,并在该战略目标指导下,系统地构建了我国高等职业教育国际化发展的运行机制。在此基础上重点强调了国际化发展过程中宏观调控的重要性,进而提出了如何选择我国高等职业教育国际化发展的合理形式,探讨了如何完善我国高等职业教育国际化发展的外部环境。

# 第八章　新时代高等职业教育的创新与可持续发展趋势

## 第一节　高等职业教育创新发展的生态分析

高等职业教育起源于 20 世纪 80 年代,那个时候中国刚刚改革开放,很多产业还处于百废待兴的状态,急缺人才,高等职业教育尚处于初步成型的阶段,因此,高等职业院校快速发展、大规模扩招学生,形成了高等职业院校林立的状态,但在发展质量上依然有欠缺的地方。

### 一、高等职业教育质量亟待提高

现阶段我国的高等职业教育虽然在发展规模上有了很大的提高,各类职业院校都配备了相应的教学设备和师资队伍,但是从发展质量上来说,高等职业教育依然存在着很多不足之处。比如学校配备的师资队伍不够完善、教学设备过于老旧。实训基地建设不到位等情况屡见不鲜,这要求当今的高等职业院校在扩招、扩建的同时也要学会提高自身的教学质量,跟上时代发展的步伐。

(一)高等职业院校方面

高等职业院校主要要改进两方面内容:一是师资队伍方面;二是与企业的合作方面。在师资队伍的建设上,高等职业院校要注意培养"双师型"教师队伍,教师不仅要具备良好的职业素养和职业道德,也要精通业务内容、熟悉专业操作,能够为学生演示相关的机械操作,给学生做一个职业榜样,引领学生向着更广阔的行业前景出发,帮助学生开拓视野,帮助他们提高自身的职业素养和职业道德。在与企业的合作方面上,学校要加强与企业的合作关系,两者可以结合彼此的优势、互相帮助。企业帮助院校建设设备、场地更加良好的实训基地,派驻行业员工指导院校学生,学校定期也可以为企业提供员工培训、开设相关讲座等。

(二)国家财政政策方面

在如今的高等职业教育体系中,除了少部分省市,其他的还均未实行生均拨款制度,也就是说很多财政政策没有落实到位。中央财政部下达政策指令,为高等职业院校拨款,省级市级的政府应该将政策贯彻落实到位,防止出现拨款未全部用到教学上的情况出现,这是非常必要的。财政部和各级政府对于高等职业院校的建设拨款落实到位均负有责任,政府要与院校彼此监督,保障政策落实到位。

（三）社会背景方面

长期以来,我国始终存在着对技术工作者的歧视现象,"学而优则仕"的观念几乎存在于每一个中国人的观念当中,难以根除。因此,现代发展应该抛开这些思想的束缚,把先进的观念引进学校当中,让学生学会平等地看待每一份职业,树立职业平等的观念。

## 二、从根本出发解决高等职业教育发展问题

中国的高等职业教育要想实现发展需要解决很多问题,解决问题的关键在于明确自身的定位、明确发展的方向、明确自身的办学特色、配套相应的政策。中国高等职业教育从原来的"大规模"发展转变为"高质量"发展,每个学校都应该明确自己的定位,明白自己需要采取怎样的措施,这样才能在时代浪潮之中立于不败之地。

（一）院校明确自身定位

高等职业院校在进行教育改革的同时,首先要明确自身的一个定位,定位对于院校的发展至关重要,它决定着一个院校今后发展的大方向,也决定着未来职业教育的主要教学内容。院校要明确三个内容,第一是院校要学会平衡"高"和"职"二者的关系;第二是院校要明确自己的性质和办学重点;第三是院校要完善自身的教学模式,不断提升教学品位。院校要学会平衡高等教育与职业教育两方面属性,学会将高等职业教育糅合成一个整体内容,既要重视职业性也要重视学术性。院校要明确自己的办学重点和性质,要办成实践型院校、创新型院校,而不是同普通高等院校一样办成科学型院校或者学术型院校。院校要学会不断地提高自身的教学品位,完善自身教学模式,把教学与实训相结合,不断尝试新的教学模式。

（二）院校明确自身发展方向

高等职业院校要明确自身的发展方向,要明确职业教育的前景在哪里。首先是在教师培养的方向上,要建立"双师型"的师资队伍,新时代的高校教师需要具备良好的师德,不仅要积极投身于教育工作,也要不断提升自己的素质与能力,高等职业院校要将教师的相关履历作为选拔考核的重中之重,

让教师们积极投身于一线的教学工作中去,践行自己的教育理念。同时,也要确立新的培养目标,在中国经济飞速发展的今天,若是能将高等职业教育的实践性和创新性作为教育发展的重中之重,必能使我国的职业教育更上一层楼,也能真正使高等职业教育与普通高等教育区别开来,将专业的交互和技术的创新做到极致。因此我们的高等职业教育在进行专业综合教育的同时,除常规的基本实训外,还应注重高等职业教育学生创新意识的培养。

（三）国家配套相应政策

我国的高等职业院校发展改革少不了国家相应政策与税收的支持,因此,需要国家出台相应的实训基地建设税收减免、校企合作的相关教育模式的法律法规与相关政策支持等,让我国高等职业院校的改革有法可依、有政策可依,这样,我国高等职业教育的发展能够有一个坚实的后盾,发展也能更加顺畅。高等职业院校应该在有关部门的领导下,积极响应国家的相关政策要求,与社会上的大企业进行联合办学,共同建设实训基地,要多尝试校企结合这种形式,实现产学研结合。

（四）院校联合彰显自身风格

高等职业院校可以联合起来,结合自身或者地区的特点进行共商、共建、共同改革,办出高等职业院校的自身特色来,不仅要注重高等职业院校的职业性和实践性,也要多多提升学生的学习自主性和创新创业能力,院校也要结合当地特点和产业特点,不断彰显自身的风格和特色。

# 第二节　高等职业教育的社会责任

我国进入 21 世纪后,高等职业教育应该谋求一个更好的发展。院校要不断提高学生的动手操作能力和职业道德水平,要建立更多条件良好的职业教育实训基地,要把实训基地的建设放在重要的位置,也要建立一个完善的职业教育体系,这是中国教育所担负的责任。

## 一、大学肩负的使命

大学改革的实质是为了能够系统地实现其目标。在教育上完全仿效他国的做法是种致命的错误。如果将学校视作国家的一个职能机构,与其内部人为创造的教学气氛相比,它更多地依赖于它所处的民族文化氛围。这种内外的平衡是造就一所好学校的一个基本条件。

大学是什么?大学该做什么?大学是让几乎所有人都接受高等教育。"几乎"是指还存在一些专业学校。大学的功能包括文化传授、专业教学、科学研究和新科学家的培养。文化是一种生命信仰,带有时代特征的信念,具有独立性,是生活不可缺少的一部分。也就是说,文化和科学有着巨大的差异性。虽然文化内容大多源自科学,这使得文化不能脱离科学。但是,大学里开展文化教学,建立符合时代要求的思想体系,这是大学的一项驾凌其他一切之上的基本功能。大学首先把普通人培养成有"文化修养"的人,使他们处于时代标准所要求的高度。专业和科学之间同样有联系和区别。专业的目的是为了应用解决问题的办法,而科学仅指调查研究。大学的一个重要使命,是利用人类智慧所发明的最经济、最直接、最有效的方法,把普通人培养成专业人员。另外大学还具有科学的附加功能。

## 二、高等职业教育的社会责任

### (一)培养高技能型人才

因为高等教育在社会中肩负着重要的责任又有着重要的地位,所以高等职业院校要学会响应国家的号召和时代的发展,培养出社会所需要的基层复合型人才。院校要多多尝试与社会上的行业龙头企业进行实训基地的联合建设,甚至可以联合企业对本校学生的教育培训方案进行制定,这是至关重要的一步。以往高等职业院校的教育教学乃至实习,都是以学校为主导,这次的改革之中院校可以尝试放开手让企业更多地参与进来,让企业的主导性更为明显,这样学生在实训的过程当中可能会更严格要求自己,及时弥补之前的知识漏洞,在技术水平和职业道德上更上一层楼。当今时代下,我国高等职业教育院校的学生要能适应时代的发展要求,不断提高和发展自身。

### (二)促进就业率提高

随着我国人事制度的不断改革,从开始包分配到自主择业,高校毕业生不断扩招,人口不断增加,综合素质不断提高,人们的读书意识不断增强,高校毕业生数量逐年上升。为了更好地解决就业,保障民生,我国相继出台了很多有利于高校毕业生就业创业的好政策。以前毕业的高职院校学生大部分都就业于公有制所有的技术岗位,为祖国的建设做出应有的贡献,不过随着公有制的不断改革等多种原因,这部分人后来或被一次性买断工龄,或随着公有企业的解体而下岗后,重新择业。高等职业院校改革,应该以就业为发展的主导方向,保障好学生的就业。

### (三)地方经济飞速发展

相对于普通教育,职业教育直接服务于社会经济的发展,为社会经济的发展提供所需要的技术技能人才,相较于普通教育的毕业生,职业教育的毕业生在实践能力方面应当更强,在初次就业时,面对操作型和实践型的岗位应当胜任度更高。具体原因如下:我国的职业教育和普通教育有着不同的政策导向,普通教育提倡的是通识教育,就是教给学生普遍的知识(尤其是理论知识,在实践操作方面较弱)。而职业教育是就业导向,无论是哪一个阶段的职业教育,学生都被鼓励就业而非升学。在就业导向政策下,职业院校的学生培养采用"工学结合、校企合作"的培养模式,也就是整个就学阶段由学校和企业共同培养学生,理论知识和实践操作相结合(当然,经过多年的课程改革,在很多地区尤其是东部发达地区,已经形成了理论和实践一体化的课程教学模式)。因此通过学校和企业的合作培养,许多毕业生一毕业就具备了胜任岗位工作的能力,也就是职业教育里俗称的"零距离上岗"。尽管普通教育的毕业生最终也要工作,但是普通教育学生基本上都是毕业后要升学的(读本科、研究生),即使工作之后,面对操作型的岗位也需要重新学习操作技能。因此,相较于普通教育,职业教育与社会经济发展的联系更为直接和紧密。从人才培养目标上看,职业教育培养技术技能人才,基本上就是面向社会经济发展的一线技术技能岗位,当前我国技术技能人才,尤其是高技能人才紧缺,经济社会的发展不仅需要白领,也需要蓝领,技术人才就是职业教育的培养目标。从这一点看,职业教育与社会经济发展的联系也更为直接和紧密。

# 第三节　高等职业教育的品牌建设战略

虽然到目前为止,我国还没有出台关于高等职业教育品牌建设的相关政策性文件,但是,高等职业教育院校赋予院校品牌建设以重要的地位,明确将高等职业教育的品牌建设作为一项重大战略,这有着重要的意义。

## 一、高等职业院校品牌建设重要性

品牌建设是高等职业院校发展壮大的一项重大的工程,它既能体现出鲜明的办学特色,又是一种境界和目标。一个好的品牌,既是综合实力的最佳体现,又是学校特色的形象化展示。它对提高学校的知名度和美誉度,树立良好的社会形象,具有巨大的推动作用。塑造自己的优秀品牌,树立良好的社会信誉。一个优秀的企业品牌一般都会经过这样三个阶段:初期合格品牌,中期特色品牌,长期综合性优秀品牌。当前品牌已经成为市场竞争的重要形式,名牌的市场价值日益显现。高等职业院校作为教育教学的组织与实施者,仍然要以"教书育人"为主。

## (一)品牌建设促进高等职业教育发展

每个学校都应当致力于树立自己的品牌,关键要抓住三点:第一,善于分析自身的比较优势。有些学校有综合优势,有些学校没有综合优势,但有自己的比较优势。善于利用现有的比较优势,是形成品牌的基础。第二,善于集中力量形成特色。我们常说"人无我有,人有我精,人精我新,人新我特",这是一种不断创新的思维方式。实际上水平都是通过特色来体现的。有了特色才可能显示出水平,才可能体现价值所在。学生敬业精神是特色,学生适应性强是特色,学生外形气质好是特色,有了特色就可能创造自身的比较优势,就会产生效益。第三,重视宣传效应,善于宣传自己的特色。品牌是靠实际水平树立的稳定的形象,但是要在人们心目中树立这一形象也需要宣传。一个稳定的品牌也要靠充实新的内涵、突出新的特色、创造新的优势来支撑,不少过去的名牌现在已经无名就是一个悲剧。因此创造品牌靠创新,保持品牌同样要靠创新,放在高等职业教育上也是如此。

## (二)品牌建设能够弥补管理和制度的漏洞

我国高等职业教育的办学时间不长,各方面的管理和制度都存在着漏洞,因此要想加强院校的管理,推动高等职业院校制度改革,学校品牌的建设是至关重要的,要打造金字品牌。金字品牌,指的就是一个人的无形资产。只要院校敢说自己已经铸就了自己的品牌,哪怕不是金牌,是银牌、铜牌也可以。在知识经济时代,在信息化社会,最有价值的、最可靠的、最富竞争力的,就是无形资产。品牌需要投入,品牌需要积累,品牌就是人,是学生。要想发展,院校就必须打造出金字品牌,否则,问题将不仅仅是压力,而是影响到院校的生存。能够自新,能够不停地超越自我,就会有生命力、创造力和发展的能力,就会坦然无畏。

## (三)品牌建设推动高等职业教育的改革

我国的高等职业院校要想有所发展,必不可少的就是改革创新,而品牌建设能够有效推动高等职业教育的改革发展,这是非常关键的。商业品牌的形成是产品生产和市场销售互动累积的结果,同样,学校品牌也是学校办学经验的一种积淀,是学校的办学理念和特色追求不断被社会认可和强化的过程。在此过程中,学校必须不断排除各种外界干扰,有充足的资源和宽松的制度环境来体现自身的办学意志,过多的和不适当的行政干预,都会影响学校品牌的形成。目前,我国公立学校"千校一面",罕有特色和受人欢迎的办学品牌,与地方教育行政管控太多不无联系。教育行政对学校管得太严,干预太多;学校的分数竞争、升学压力太大,承担的责任太多……学校自主办学的空间被严重挤压。格外发人深思的是,今天基础教育领域中出现的一些创新性的办学模式,有不少是从农村教育实践中摸索出来的。因此,高等职业院校积极借鉴经验,打造学校品牌,并借此推动院校的改革发展。

## 二、建设高等职业院校品牌的重点

建设高等职业教育院校的品牌是至关重要的,但是我们仍然要搞清楚高等职业院校品牌建设的重点,具体有三方面内容:

### (一)学生素养

高职院校的学生素质向来是外界评价学校总体教学质量和办学水平的重要依据,因此,院校有必要不断提高本校学生的素养,让他们能够以更好的能力和姿态走向社会,走向美好的未来。学校进行品牌建设总是绕不开学生素质这一个方面,所以高职院校要把提高学生能力作为重点。

### (二)专业、课程、师资、管理、文化、领导

高等职业院校与普通高等学校在进行品牌创建的时候面临着同样的问题,他们要在专业、课程、师资、管理、文化、领导六个层面上实现改革和突破。

#### 1.专业设置

高等职业院校要重视专业的设置。高等职业院校的专业设置要与就业市场的动态变化、社会经济的发展变动紧密相连,院校时时刻刻要关注这方面的动态,保障专业设置合理。

#### 2.课程内容

课程内容的建设是一个学校最基础的建设内容,院校要学会将课程内容的改良与时代发展相结合,不断改革创新。

#### 3.“双师型”师资队伍

在高等职业院校进行教学改革的时候,也要重视“双师型”师资队伍的建设,教师是教学改革的依托,是学校建设的中坚力量,建设专业素养和实践能力一流的“双师型”师资队伍能够有效促进教学改革。

#### 4.管理与制度

古往今来,制度的建设和改革总是关系着一个体系甚至是一个社会的未来发展,教育制度和相关的管理政策关系着高等教育体制的未来发展,是非常关键的。

#### 5.学校文化建设

文化是一个民族和社会发展的基础,学校进行校园文化的建设或者构

筑高等职业教育文化体系,都是在无形之中进行学校的软性宣传,能够在无形之中加强学校内部的凝聚力。

**6.院校领导者**

学校的领导对于学校的相关制度的构建、教学方案的制定、人员管理制度的调整都有着重要的决断权,也正因为如此,院校的领导者也是非常关键的存在,不容小觑。

### (三)品牌体系

高等职业院校同有关的企业一样,需要依托一个完善的品牌体系进行品牌的建设,这主要有品牌设计、品牌定位、品牌形象、品牌打造四个方面。品牌设计是指对院校的形象进行视觉上的设计,方便他人识别;品牌定位是指院校明确自己的办学特色,对自己的现在和未来发展进行定位;品牌形象是指院校根据定位进行形象上的改变。

## 三、高等职业院校进行品牌建设的策略

高等职业院校的品牌建设关系着学校未来的发展状况,应该作为学校领导班子的重要工作内容来进行商讨,要集思广益,请多方专家进行策略的汇总。这些策略主要包括以下几个方面。

### (一)以专业建设为开篇

专业建设在学校各项工作中处于龙头地位,抓住了这个龙头,就能带动和推进学校其他工作的建设和发展。围绕专业建设,学院必须建立相应的教学运行组织和指导组织,必须配置相应的教学条件,在学校具体运行和管理中,必须确立以专业为基点的思想,切实提高专业在学校全面工作中的地位。

### (二)以课程内容为核心

课程改革与建设是高职人才培养模式改革的重点,也是难点,重点工作需要重点投入,难点工作需要难点突破;作为一项涉及全员,影响全局的工作,课程建设一定要做到领导重视,全员参与,进行革命性行动和全民性参与,要根据高等职业教育运行规律和质量建设要求,按照能力本位,项目导向等要求,建设好课程。

### (三)以育人为原则

高等职业院校必须坚持立德树人,德育为先的原则,培养学生崇高的职业理想、良好的职业道德和熟练的职业技能,这在大众化阶段,确实存在着

一定的困难,但必须妥善解决:一是按照"关爱学生进步,关注学生困难,关心学生就业"工作,做好日常工作;二是积极探索大众化阶段精英(尖子生)培养的思路,以特长班、专题班、订单班等形式培养一部分品牌学生;三是积极开展各类评比奖励活动,推动学生中"比学赶帮超"良好风气的形成。

### (四)以教师为软性因素

"所谓大学者,乃大师之谓也",这是梅贻琦先生的一句至理名言,至今为大家所引用。这说明了高素质教师队伍尤其是名师在学校品牌建设中的重要作用,培养名师、造就品牌需要我们做好细致的工作。

### (五)以校友为连接渠道

校友是学院重要的资源,也是学院品牌建设的重要内容;校友在学院发展和品牌建设中起着"汇集人员,凝聚人心,积聚资源"的作用,做好校友工作,等于在做学校的品牌,积极争取在校友顺利上岗、愉悦工作的同时,着力造就和培养一批品牌校友非常重要,为此,学校工作要着力做到巩固老校友,开发新校友,重视成就校友,关爱弱势校友,倡议校友与校友之间的团结与协作,组成校友与母校之间的互动,使其成为品牌建设的重要推动力量。

### (六)以校园文化作为基底

校园文化具有重要的育人功能,这早已为人们所认同,校园文化又具有重要的品牌建设功能,这应该引起我们的重视,如价值理念、宏伟愿景、育人体系等,应该说具有重要的品牌建设意义。另外,一些校园主题雕塑,也具有同样的文化功能。

### (七)重视品牌识别,提升品牌效应

品牌本身也是一门科学,其中有许多的理论,其中品牌识别是极为重要的。从目前情况看,在品牌设计问题上,我国普遍存在着事业不如企业,中资企业不如外资企业的情况。作为新兴的高等职业院校,必须注意用完整的品牌建设理论来支持学院品牌建设,形成一整套有利于学院品牌推广的形象识别系统,确保学校品牌在形象、视觉、行为、理念等方面的排他性和专有性,有利于把高等职业院校品牌建设真正落到实处。

## 第四节　高等职业教育可持续发展的探索

近年来,随着国家对高等职业教育的重视程度逐渐加深,我国的高等职业教育得到了快速的发展,并且逐渐体系化,高等职业教育的目标逐渐清

晰,其类型定位也得到确定,促进了我国高等职业教育的发展。但是随着社会的发展,如何保持高等职业教育的可持续发展,使高等职业教育得到更高层次的发展,依旧是如今高等职业教育发展中仍未解决的重要内容。

## 一、可持续发展是基础

可持续发展是高等职业教育发展的目标之一。我国高等职业教育在不同发展阶段中,其所显示出来的可持续发展程度各不相同。在高等职业教育发展初期,处在徘徊探索期,实现高等职业教育的可持续发展无从谈起;随着职业教育的发展,高教大众化为高等职业院校的可持续发展创造了条件;随着国家对高等职业教育的重视,出台了相应的政策,并实施了具体的建设项目,这为推动我国高等职业教育的可持续发展创造了有利的条件。

### (一)徘徊探索时期

我国的高等职业教育是在 20 世纪 80 年代产生的,其产生的主要目的是解决当时社会中,高中毕业处在待业阶段的青年人的读书问题。我国教育在发展过程中,高等职业教育的存在具有较大的争议,社会各界和政府对高等职业教育普遍不重视,高等职业教育的发展处境在当时较为艰难。在这种社会环境下,高等职业教育的发展极为缓慢,无论是政策支持还是大众的认知,都阻碍了高等职业教育的发展。因此,高等职业教育在当时的发展过程中不具备可持续发展的条件和环境。

### (二)高教大众化为高等职业教育的可持续发展创造了条件

在 20 世纪末至 21 世纪初,我国开始重视高等教育的发展,并确立了高等教育大众化的方针政策。在这一过程中,高等职业教育是其中的主要力量,尤其是将高等职业教育的发展确定为以省(市)为统筹主体,将高等职业教育的审批权下放给各地政府,并明确了建设的任务。在这种环境下,高等职业教育得到了快速的发展,无论是数量上还是质量上都得到了大幅的提升。尤其是随着国家政府对高等职业教育的重视,为高等职业教育的可持续发展创造了条件。

高等职业教育的可持续发展是建立在一定数量和规模的高等职业教育院校基础上的,如果高等职业教育没有有利的发展环境,那么也就无法满足高等职业教育的可持续发展。

### (三)国家政策的实施推动了高等职业教育的可持续发展

近年来,社会对技术型人才的需求逐渐增加,高等职业教育也得到了一定的发展。为推动高等职业教育的发展,国家相关部门制定了一系列的政策,例如《普通高等学校高等职业教育(专科)专业设置管理办法》《普通高等学校高等职业教育(专科)专业目录(2015年)》和《关于大力发展职业教育决定》等,在《关于大力发展职业教育决定》中,提出了实施建设国家示范性高等职业院校的计划。

根据国务院《关于大力发展职业教育决定》的精神,教育部、财政部于2006年始实施了国家示范性高等职业院校建设计划,实践证明,百所示范院校的遴选过程,事实上已成为政府和社会认同高等职业教育的过程,百所示范高校的建设过程,事实上已成为学校重视办学模式改革、人才培养模式改革的过程,成为促进内涵建设和类型特色形成的过程,其效应已远远超过预期,在这过程中所表现出来的中央财政撬动,地方财政为重点支持的结果已十分明显,学校积极重视内涵建设和教育教学质量,认真重视专业和课程、师资队伍、校内外实训基地建设的绩效也已显现,大面积校企合作机制的构建则更有意义,这些都成为高等职业教育可持续发展的有利条件。

## 二、高等职业教育的可持续发展是系统工程

高等职业教育在我国社会中具有的重要作用以及国家示范性职业院校的建设,推动了高等职业教育的发展,同时也为高等职业教育的可持续发展提出了新的要求。在如今的高等职业教育发展过程中,有许多问题是我们需要考虑的,例如:示范性的高等职业教育学校如何带动其他高等职业教育的发展;重点专业如何带动绳梯专业的发展,发达地区的高等职业教育学校如何带动西部地区的高等职业教育学校发展,等等。针对这些问题,我们应采用一定的措施,具体而言,主要包括:建立有利的内涵体系、建立有利的校企合作体系、建立质量文化体系、建立内部组织体系、建立政策支持体系。

(一)建立有利的内涵体系

在高等职业教育的可持续发展中,外部各项因素是产生影响的条件,而内部因素才是产生影响的根据,因此要重视高等职业教育的内涵建设,主要包括以下几点:

第一,明确高等职业教育学校的人才培养目标,即培养具有较高素质的、较强技术水平的技能型人才,满足社会的发展需求。重视学生的动手能力以及技术运用能力,在教学过程中避免过于学术化和理论化,要与实践相结合;

第二,坚持开放办学,实现校企合作,面向企业的岗位需求,将企业中需要的技能引进教学活动中,在此基础上进行创新;

第三,重视培养学生的职业技能和职业素质,让学生具有明确的职业发

展意识,具备熟练的职业技能,拥有良好的职业道德,将教学与企业的实践结合起来,使学生进入企业后能尽快实现彼此之间的过渡;

第四,重视营造真实的职业环境,使学生提前熟悉职场环境,具备一定的职场文化知识,掌握一定的职场技能,能够迅速适应职场的岗位变化;

第五,重视课程考核与证书之间的衔接,使学历证书与岗位资格证书之间协调统一。

## (二)建立有利的校企合作体系

在如今的高等职业教育发展中,校企合作、工学结合是其中的主要特征。近年来,学校教育与企业之间的合作受到各高等职业教育学校的重视。为保证高等职业教育的可持续发展,应建立有利的校企合作体系,主要包括以下几点:

第一,明确校企合作机制的制度,国家政府机关应建立一定的法律保护,明确企业应承担的责任和义务,应积极地参与进职业教育中;

第二,鼓励多种行业内的企业与职业教育学校之间建立合作的关系;

第三,建立专业的教学场所、实训基地,将企业的岗位需求与技能要求与教学活动结合起来,将企业的文化引进教学活动;

第四,建立企业与学生相互联系的双师型结构的教学结构;

第五,建立教师与企业员工之间的流通体制,促进彼此之间的交流沟通,将企业与教学活动结合起来,开展校企共同育人。

## (三)建立质量文化体系

受各种因素的影响,我国社会在发展过程中,形成了重理轻文、重理轻术的传统,而且在如今的社会中,就业单位极为重视文凭,这就使得职业教育难以得到应有的重视。在这种社会发展环境下,必须要推进高等职业教育的可持续发展,建立质量文化体系。在建立质量文化体系的过程中,要重视以下几点内容:

第一,建立特色的质量观,高等职业教育要从实际出发,根据企业的实际需求来进行教学,要充分发挥高等职业教育的特色;

第二,建立多样化的质量观,要根据不同的地区、岗位、行业,建立与之对应的考核机制;

第三,建立资源整合性的质量文化观。在对学校的办学水平进行衡量时,不看其拥有多少资源,而是看其能够整合利用多少资源;

第四,建立社会性的质量文化观,是对学校的办学水平进行衡量,主要是衡量学校的教学成果是否与当地的经济发展相适应,是否能够满足社会发展的需求；

第五,建立市场性的质量文化观,主要是对校内的领导的能力水平的衡量,确认其是否能够根据社会的发展不断地对学校的教学结构进行调整,提高学生的就业率,使学生的职业获得较好的发展,充分利用资源。

### (四)建立内部组织体系

高等职业教育是我国高等教育中的一个类型,具有自身独特的运作机制,与其他普通高等教育院校之间具有较大的差距,具有较强的市场性特征。因此,高等职业教育学校要建立适合自身发展的内部组织体系。内部组织体系的建设要满足以下几点内容:

第一,开放性的运作方式,通过对市场的开放,与市场形成紧密的联系；

第二,市场化的专业结构,高等职业院校的人才培养是为了满足社会发展的需求,因此,要以市场为导向,对学校的内部结构、学院以及专业设置进行调整；

第三,灵活性的教学内容,教学内容应根据社会需要以及企业的发展进行适当的调整,将教学活动与实践充分地融合在一起；

第四,互动性的人才队伍,构建双师型的教育教学结构,建立起教师与企业员工之间的互动交流；

第五,多重性的师生员工身份,教师不仅是在课堂上讲授知识的教师,同时还可以是企业里的骨干员工,学生不仅是在校园内学习的学生,同时还可以是企业内的员工,实现学校与企业之间的合作共通。

### (五)建立政策支持体系

目前,我国的高等职业教育得到了极大的发展,并取得了一定的成果,但是仍旧存在一些问题,具有较大的发展空间。高等职业教育的可持续发展,不仅需要各学校不断的努力,同时还需要一定的政策支持,主要为以下几点:

第一,加大财政支持,为高等职业教育的发展提供坚实的物质基础；

第二,加强政策配套力度,如相关职业资格的设置、考试考核方法等；

第三,加强企业的参与,国家政府机构通过制定相关的政策,引导更多企业参与高等职业教育；

第四,加大改革力度,为高等职业教育的发展提供良好的环境；

第五,加快各高等职业教育学校的建设,为高等职业教育工作的开展提供必要的物质基础。

# 参考文献

[1] 蔡勤.高等职业教育与区域经济发展不协调的突破路径及策略[J].教育与职业,2015(23):22—24.

[2] 蔡泽寰.英国的现代学徒制度[J].中国职业技术教育,2005(6):55—60.

[3] 岑艺璇.美国新职业主义教育思想探析[J].外国教育研究,2009(6):58—61.

[4] 曾家,王娜.高等职业教育质量评价观及政策保障体系构建[J].黑龙江高教研究,2016(22):9—12.

[5] 陈解放.合作教育的理论及其在中国的实践:学习与工作相结合教育模式研究[M].上海:上海交通大学出版社,2006.

[6] 陈衍,郭珊,徐梦佳.高等职业教育也需要加强"双一流"建设[J].中国高等教育,2017(12):40—42.

[7] 杜启平,熊霞.高等职业教育实施现代学徒制的瓶颈与对策[J].高教探索,2015(3):76—79.

[8] 段致平,王升,贾树生.论现代职业教育体系下高等职业教育人才培养目标[J].中国职业技术教育,2015(15):18—21.

[9] 范国睿.教育生态学[M].北京:人民教育出版社,2001.

[10] 方飞虎,潘上永,王春青.高等职业教育专业群建设评价指标体系构建[J].职业技术教育,2015(5):59—62.

[11] 冯芳.国外校企合作新形式——"现代学徒制"、"新学徒制"述评[J].广东技术师范学院学报,2008(10):5—9.

[12] 盖绍普.强化学生"缄默知识"追求知能和谐发展[J].黑龙江高教研究,2007(4):48—50.

[13] 高卫东.职教集团的内涵、类型与功能[J].职业技术教育,2004(34):38.

[14] 宫麟丰.高等职业教育创新发展与高职院校特色化发展研究[J].现代教育管理,2017(10):119—124.

[15] 郭庆志.新时期高等职业教育质量保障制度建设的思考[J].中国职业技术教育,2016(5):14—17.

[16] 贺祖斌.高等教育生态论[M].桂林:广西师范大学出版社,2005.

[17] 胡秀锦."现代学徒制"人才培养模式研究[J].河北师范大学学报(教育科学版),2009(3):97—103.

[18] 黄尧.职业教育学原理与应用[M].北京:高等教育出版社,2009.

[19] 教育部发展规划司.中国教育统计年鉴(2012)[M].北京:人民教育出版社,2013.

[20] 教育部职业教育与成人教育司,教育部职业技术教育中心研究所.2009年中国职业教育年度报告[M].北京:高等教育出版社,2010.

[21] 李建军,盛洁波.现代学徒制在高等职业教育中的应用趋势[J].当代教育论坛,2004(10):122—123.

[22] 梁晓芳.高等职业教育国家精品课程建设与应用现状的调查研究[J].电化教育研究,2016(5):87—91.

[23] 林宇.准确把握和落实高等职业教育创新发展行动计划[J].中国职业技术教育,2016(4):10—14.

[24] 刘洪宇.现代互联网条件下高等职业教育教学方式探索[J].求索,2016(1):185—188.

[25] 刘任熊,薛茂云.中国高等职业教育国际化:实践样态与现实反思——基于2016年32省份高等职业教育质量年度报告分析[J].中国职业技术教育,2017(36):11—17.

[26] 卢尚建.论教学中的缄默知识[J].全球教育展望,2010(1):33—36.

[27] 马良军.我国高等职业教育评估政策的演变与展望[J].职教论坛,2018(2):28—33.

[28] 马树超,郭杨.中国高等职业教育历史的抉择[M].北京:高等教育出版社,2009.

[29] 马铮.德、日、澳职业教育产教结合、校企合作的比较研究[J].教育与职业,2012(3):22.

[30] 任占营,童卫军.高等职业教育生均拨款制度实施困境与对策探析[J].中国高教研究,2017(8):101—105.

[31] 沈军,朱德全.高等职业教育专业评估的价值反思与路径探寻[J].职教论坛,2016(4):5—8.

[32] 石中英.波兰尼的知识理论及其教育意义[J].华东师范大学学报(教育科学版),2001(2):39.

[33] 苏国辉,林松柏.台湾建教合作教育模式及其借鉴[J].黎明职业大学学报,2008(4):16.

[34] 苏华.关于深化产教融合、加快发展高等职业教育的思考[J].教育与职业,2018(2):5—7.

[35] 童卫军,姜涛.高等职业教育专业教学资源库平台建设研究[J].中国高教研究,2016(1):107—110.

[36] 王川.论学徒制职业教育的产生与发展[J].职教史话,2008(9):60—64.

[37] 王胜宇.借鉴德国职业能力教育探索我国职业能力培养新模式[J].中国电子教育,2008(3):72—75.

[38] 王雁琳.英国职业教育和新职业主义[J].外国教育研究,2000(4):39—48.

[39] 魏和平.现代学徒制在中国走得通吗[J].中国青年报,2005(5):25—27.

[40] 夏杨福,马发生.重构我国高等职业院校微观教学组织初探[J].中国职业技术教育,2015(29):11—14.

[41] 谢志平,周德义.缄默知识视角下职业教育教师专业化发展[J].职教论坛,2010(3):14—18.

[42] 徐博文,陈晓雁.我国高等职业教育质量保障长效机制的构建[J].继续教育研究,2017(1):67—69.

[43] 徐国庆.新职业主义核心技能课程理论研究[J].外国教育资料,2003(3):52—54.

[44] 于卫雁.人力资源开发视域下高等职业院校人才培养模式的选择[J].高教探索,2017(1):111—112.

[45] 袁洪志,陈向平.文化育人:高等职业教育质量提升的新视角[J].江苏高教,2016(1):141—143,157.

[46] 张家祥,钱景舫.职业技术教育学[M].上海:华东师范大学出版社,2001.

[47] 张军,刘敏.基于校企合作的高等职业教育办学机制改革探讨[J].教育理论与实践,2017(18):18—20.

[48] 张中洲.现代学徒制及国际上两种成功的培养模式[J].珠海城市职业技术学院学报,2007(13):34—38.

[49] 章武媚.高等职业教育复合型高技能人才培养的多专业融合模式的探索[J].职教论坛,2016(12):41—43.

[50] 中国教育与人力资源问题报告课题组.从人口大国迈向人力资源强国[M].北京:高等教育出版社,2003.

[51] 周建松,陈正江.新时代中国特色高等职业教育的内涵与发展路径[J].中国高教研究,2019(4):98—102.

［52］周明星.现代职业教育本质属性探析［J］.教育与职业,2003(1):27－28.

［53］周志刚,马君.对职业教育本质问题研究的审视［J］.中国职业技术教育,2009(3):5－9.

［54］朱金兰.德国双元制与日本产学合作的比较研究［J］.江苏技术师范学院学报,2004(3):47.

［55］朱强,卢晓春,张俊平.高等职业院校专业结构调整路径的研究与实践［J］.高教探索,2017(8):73－77.

［56］朱雪梅.当代高等职业教育典型发展模式比较——一个新的分析框架［J］.教育学术月刊,2015(3):24－31.

# 附　录

## 教育部关于学习宣传贯彻习近平总书记重要指示
## 和全国职业教育大会精神的通知

教职成〔2021〕3 号

各省、自治区、直辖市教育厅（教委），新疆生产建设兵团教育局，有关部门（单位）教育司（局）：

2021 年 4 月 12 日至 13 日，全国职业教育大会在北京胜利召开。习近平总书记对职业教育工作作出重要指示，李克强总理作出批示，孙春兰副总理出席会议并讲话。为深入学习宣传贯彻习近平总书记重要指示和全国职业教育大会精神，切实做好各项工作，现将有关事项通知如下。

一、深刻学习领会，准确把握指示批示和大会精神的丰富内涵

党的十八大以来，习近平总书记亲自谋划、推动职业教育，多次到职业学校视察调研，对职业教育作出一系列重要指示。全国教育大会特别是《国家职业教育改革实施方案》印发以来，各地各部门和职教战线深入贯彻党中央、国务院决策部署，以改革增强活力、提高质量、推动发展，一些标志性、引领性改革举措取得显著成效，培养质量稳步提高，专业布局持续优化，改革试点深入推进，政策保障更加有力，国际影响不断提升，职业教育的面貌焕然一新。

在"十四五"开局之年、开启全面建设社会主义现代化国家新征程的重要历史时刻，经党中央同意，召开第一次全国职业教育大会。习近平总书记作出重要指示强调职业教育前途广阔、大有可为，要坚持党的领导、坚持正确办学方向，坚持立德树人，优化职业教育类型定位，深化产教融合、校企合作，深入推进育人方式、办学模式、管理体制、保障机制改革，稳步发展职业本科教育，建设一批高水平职业院校和专业，推动职普融通，增强职业教育适应性，加快构建现代职业教育体系，培养更多高素质技术技能人才、能工巧匠、大国工匠，并对各级党委和政府提出明确要求。习近平总书记关于职业教育的重要指示为新时代职业教育改革发展指明了前进方向、提供了根本遵循。李克强总理作出批示，强调了职业教育的重要作用，明确要求建设

高水平、高层次的技术技能人才培养体系,注重学生工匠精神和精益求精习惯的养成,努力培养数以亿计的高素质技术技能人才,为全面建设社会主义现代化国家提供坚实的支撑。孙春兰副总理发表讲话,深入分析了职业教育面临的新形势新要求,全面部署了加快建设高质量职业教育体系的新任务新举措。

这次大会的召开,充分体现了以习近平同志为核心的党中央对职业教育工作的高度重视,凸显了职业教育在国家人才培养体系中的基础性作用,对于立足新发展阶段、贯彻新发展理念、构建新发展格局、推动高质量发展,具有重大而深远的意义,是我国职业教育发展史上的重要里程碑。各地区各部门各学校要切实提高政治站位,不断增强"四个意识"、坚定"四个自信"、做到"两个维护",深刻理解召开全国职业教育大会的时代背景,充分认识召开全国职业教育大会的重大意义,准确把握全国职业教育大会的战略要求,切实增强学习贯彻习近平总书记重要指示和大会精神的责任感使命感,在党的坚强领导下,全面贯彻党的教育方针,遵循职业教育发展规律和技术技能人才成长规律,推动职业教育高质量发展,为全面建设社会主义现代化国家提供坚实的人才和技能支撑。

二、聚焦重点任务,加快构建现代职业教育体系

各地区各部门各学校要按照中央要求,把职业教育摆在更加突出的战略位置,逐项落实习近平总书记重要指示和大会提出的各项任务。重点抓好以下任务:

(一)坚定不移地坚持类型教育基本定位。树立科学的职业教育理念,准确把握职业教育是特色鲜明的类型教育、培养能力的实践教育、面向市场的就业教育。建立层次分明、衔接紧密、结构合理的职业教育体系。强化中等职业教育的基础地位,推动实施中职学校办学条件达标工程,建设一批优秀中职学校和优质专业,实现中等职业教育与普通高中教育协调均衡发展;推动高等职业教育提质培优,稳步发展职业本科教育,建设一批高水平职业院校和专业。完善"文化素质+职业技能"考试招生办法,建立健全省级统筹的高职分类考试招生制度。深化职业教育评价改革,形成具有职业教育特点的评价标准和办法,健全国家、省(区、市)、学校三级质量年报制度,加大对职业教育质量统筹监管的力度,引入第三方开展评价监测。

(二)坚定不移地加快完善人才培养体系。坚持德技并修、育训结合,把德育融入课堂教学、技能培养、实习实训等环节,促进思政课程与课程思政有机衔接,提高思想政治教育的实效性,培养学生的劳模精神、劳动精神、工匠精神,引导学生刻苦学习、精进技艺、全面发展。一体化设计职业教育培

养体系,推动各层次职业教育专业设置、培养目标、课程体系、教学内容、考核方式等衔接贯通。探索"岗课赛证"相互融合,把住 1＋X 证书制度质量关,引导职业学校充分利用行业龙头企业在专业人才培养和评价方面的成熟标准,结合自身实际,充实改造提升相应课程和专业。动态调整专业目录,通过差异化投入、政策项目引导等方式,鼓励学校更多开设紧缺的、含金量高的专业,帮助更多青年实现更高质量的就业。针对退役军人、下岗失业人员、农民工、高素质农民、在岗职工等不同生源分类施教、因材施教,满足不同学习需要。要建好国家"学分银行",推动各种学习成果之间的互认转换,为终身学习提供机会。

(三)坚定不移地深化职业教育改革。完善产教融合办学体制、创新校企合作办学机制,构建政府统筹管理、行业企业积极举办、社会力量深度参与的多元办学格局。注重发挥企业重要办学主体作用,鼓励上市公司、行业龙头企业举办高质量职业教育。灵活开展工作,围绕企业需求,善于用市场机制,探索互利共赢的办法,鼓励探索职业学校股份制、混合所有制改革。推动职业学校在企业建设实习实训基地、企业在职业学校建设培养培训基地,校企共建共管产业学院、企业学院,引企入校、引校进企、送教上门,延伸职业学校办学空间。推广中国特色现代学徒制,面向先进制造业、现代服务业、战略性新兴产业探索高层次学徒制。引导职业学校发挥专业优势,主动与优质企业开展双边多边技术协作,共建技术技能创新平台、专业化技术转移机构和大学科技园、科技企业孵化器、众创空间,服务区域中小微企业技术升级和产品研发。加强国际交流合作,在"留学中国"项目、中国政府奖学金项目中设置职业教育类别,探索"中文＋职业技能"的国际化发展模式。

(四)坚定不移地建设技能型社会。着眼需求,提升技能的适应性,紧盯产业链条、紧盯企业需求、紧盯社会急需、紧盯市场信号、紧盯政策框架、紧盯技术前沿,提高技能与经济社会发展的匹配度,加大现代生活和重点人群的技能供给,加快技能教育的公共基础设施和数字资源建设,提高全民技能素质,提升人民生活品质。深化改革,提高技能供给质量,进一步优化专业布局结构,进一步深化课程教材建设与教法改革,进一步实化学生实习实训环节,进一步细化"双师型"教师队伍建设举措。公平普惠,提升全社会技能水平,坚持开放包容、便捷灵活、协调发展,完善技能人才的培养、使用、评价、考核机制,提高技能人才待遇水平,向所有社会成员敞开大门,让每个人都有人生出彩的机会。发挥职业教育在提升农村基本公共服务水平的重要作用,加大涉农职业学校建设,发展面向农民就业创业的职业教育与技能培训,推进巩固拓展脱贫攻坚成果同乡村振兴有效衔接。

（五）坚定不移地加强保障发展机制。完善多元投入机制，进一步落实新增教育经费要向职业教育倾斜的要求，建立与办学规模、培养成本、办学质量等相适应的财政投入制度，逐步提高中高职生均拨款水平。加强师资队伍建设，坚决打破学历和文凭的条框限制，健全"固定岗＋流动岗"的教师管理制度，拓宽从行业企业选拔优秀教师的渠道，通过绩效工资奖励等多种方式，吸引优秀技术技能人才加入职业教育。改革教师培养培训制度，建好一批职业技术师范大学，落实教师到企业实践制度，构建职前职后一体化、校企双主体的教师培养培训体系。发挥信息化支撑作用，推动现代信息技术与教育教学深度融合，加快数字校园建设，推出职业教育在线精品课程和专业教学资源库，建设一批国家示范性虚拟仿真实训基地，全面提升职业教育的信息化水平。

三、加强组织领导，确保大会精神落实落地

深刻学习领会、坚决贯彻落实习近平总书记重要指示和全国职业教育大会精神，是当前和今后一个时期教育系统的重要任务。各地区各部门各学校要牢牢抓住这次职业教育大会的历史性机遇，认真制定方案、精心组织实施，加大制度创新、政策供给、投入力度，确保党中央、国务院的决策部署落地生根、取得实效。

（一）加强长远谋划。抓住当前编制"十四五"规划的有利时机，认真谋划、精心布局，做到"六有"：有体系的构建，围绕技能型社会建设的需要来构建现代职业教育体系，查缺补漏、强身健体。有质量的公平，办好职业教育，让更多人长技能、就好业，生活得有尊严、体面、幸福。有差异的均衡，正视差异、理解差异，缩小和弥补差异，推动西部地区职业教育质量明显提升。有特色的标准，进一步强化标准的支撑引领作用，健全教师、课程、教材、教学、实习、实训、信息化、安全等职业教育特色标准体系。有重点的改革，在办学体制、育人模式、考试招生制度上加大力度，着力破除制约职业教育发展的体制机制障碍。有竞争的合作，职业教育对外开放要保持定力，推动对外开放提质增效。

（二）建立狠抓落实新体制。做到六个"到位"：指挥到位，各级领导干部深入基层，到一线当总指挥，全力以赴落实大会部署。责任到位，把大会确定的目标任务，尽快分解到人、到岗，把责任和压力层层传导下去。督导到位，督导系统要全面压到一线、基层督导，集中力量抓重点任务的贯彻和推进。行动到位，紧锣密鼓、全面有力、有特色的推进，尽快打开新局面。效果到位，紧盯落实效果不放，注重过程、塑造结果，把阶段性效果抓起来，用效果证明工作。研判到位，及时研判落实过程中出现的新趋势、新苗头、新倾向,确保各项工作任务有序推进。

（三）加大学习宣传力度。要创新方式方法,认真组织党员干部和广大师生学习大会精神,统一思想、凝聚共识,不断增强主动性、自觉性、紧迫性。要向全社会广泛宣传国家重视职业教育的重要导向,统筹用好主流媒体和各类新媒体开展生动多样的学习宣传,讲好讲透政策举措,释放鲜明信号,帮助广大干部群众准确领会把握核心要义。要充分运用符合教育实际、深受师生和广大人民群众喜爱的鲜活方式,通过专题报道、专家访谈等多种方式开展深度解读,挖掘宣传基层组织和一线岗位技术技能人才成长成才的典型事迹,积极弘扬劳动光荣、技能宝贵、创造伟大的时代风尚,形成"崇尚一技之长、不唯学历凭能力"的社会氛围,引导激励全社会共同关心、广泛支持、积极参与职业教育。

各地要于2021年底前召开本地职业教育大会,研究部署本区域职业教育改革发展各项工作。各地区各部门学习贯彻全国职业教育大会精神有关情况,请及时报告我部。

教育部

2021 年 4 月 26 日